U0098306

好好刊。

06/07
JUNE
2016

仲夏季,當我們樂在一起

Happy Together in the Summer

- 好 玩。騎上 YouBike × 一起玩桌遊 × 動手做甜點
- 好滋味。和菓子!職人親授,體驗手作的魅力
- 好 店。日式老屋飄咖啡香—— Giocare 義式手沖咖啡
- 好養生。清暑益氣多蔬果—— 啖瓜果
- 好 物。野外活動必備裝備—— 雙筒望遠鏡
- 好電影。《六弄咖啡館》改編「藤井樹」同名暢銷小說
- 好時光。一本書店,簡單中的不平凡
- 好人物。廉航達人,熱情的自助旅行家—— 朱尚懌
- 總編的話。一把鹽,吃出真滋味

SAN YAU
http://www.ju-zi.com.tw
三友圖書 友直友諒友多聞
微胖男女編輯社

發行人|程顯灝 ・ 總編輯|呂增娣 ・ 編輯|呂增慧、吳孟蓉、謝儀方 ・ 美術設計|劉錦堂 ・ 出版者|三友圖書

● 好 玩。

騎上YouBike，走向大自然

自然派好友就該這樣玩！走出戶外踏青趣，享受湖岸好風光

撰文 | 吳孟蓉；攝影協力 | 楊志雄

新店溪自行車道──享受迎風馳騁的樂趣
🍴 可口豬腳大王、豆花朴
😀 新店公有中央市場

早晨相約新店溪畔的環狀自行車道，從陽光橋沿著溪邊前進，不僅可賞沿岸風景，還可於橋下的陽光運動公園與蝸牛石雕合照；午餐於中央市場裏呷豬腳咬豆花，飽食一頓！

和美登山步道──登高望遠覽盡美景
😊 惠國市場

沿著溪洲路直行抵達碧潭西岸有「小赤壁」之稱的和美山，順著綠意盎然的親山步道，沿途蟲鳴鳥叫不絕於耳，還可見到蝴蝶翩翩飛舞的倩影，最適合一群好友來此練腳力，享受親近山林的樂趣。

相約三五好友，踏上 YouBike，早晨沿著新店溪自行車道，在陽光橋下翠綠的草坪上與逗趣的蝸牛石雕拍照；午後遠騎至近捷運新店站碧潭風景區，登上和美山賞蝶，傍晚踩天鵝船遊湖覽夕陽西下的風光……，來趟美好難忘的夏日時光。

新店渡——體驗百年歷史的人力擺渡船
😊 惠國市場

碧潭——享盡白天夜晚不同的美麗風貌
😊 惠國市場、青潭國小

騎乘 Ubike 遊碧潭，不僅可以登山還可親水，一群人乘坐在人力擺渡船上，悠悠晃晃橫渡新店溪，欣賞碧海藍天與波光粼粼相襯的美景，感受傳承百年的擺渡風采，好是優閒愜意。

在碧潭的水上活動，除了乘船外，也可以兩兩一組，踩著天鵝船遊潭賞湖光山色。待落日餘暉之際，在河畔餐廳或路邊小吃攤享用美食，欣賞夕陽下迷人的碧潭風情，好友們坐在岸邊，談天說地，留下屬於彼此的美好回憶。

一起玩桌遊，感情最麻吉

4 大桌遊 × 4 種樂法，朋友相聚樂無比

撰文、攝影協力｜李承恩；協力拍攝｜阮佳儀、徐嘉謙、馮惠楨、邱昌昊

桌遊，既可以跟朋友培養感情增進默契，也可以看出每個人遊玩的特質，只需要一張桌子，找到對的人，放聲大笑樂在一起，就是這麼簡單！

『UNO』在手，歡樂無窮

玩家必須迅速將五彩繽紛的 UNO 牌出完，過程中的反轉絕對嗨翻全場！

★評分：UNO 絕對是讓你開心放鬆的小遊戲。

『作弊飛蛾』，就是沒有規則

不喜歡遵守常規的你，作弊飛蛾將激發你出神入化的手法，打破一切規矩，將手裡的牌出完，必須作弊中求勝利！

★評分：笑裡藏刀，作弊才是王道。

『美麗島風雲』：三種風格樂在一起

政治惡搞，能在肅清異己的殺伐聲中，冷靜地將同黨政敵消滅的人，才能勝出，不同風格卻都是殊途同歸的玩法等著去品味。

★評分：冷靜聰明的你，搭上文青風，與朋友一較高下！

追求公主『情書』大作戰

身為一位合格的追求者，需要靠你的智慧加上些許運氣，經過層層關卡將情書轉交給公主吧！

★評分：男生必玩！讓情書帶你成為一位合格的追求者！

動手做甜點，無負擔又愜意

抹茶黑豆輕乳酪蛋糕 · 輕盈口感，品嘗甜點不再擁有罪惡感

文字整理 | 謝儀方；攝影 | 楊志雄

三五好友聚在一起，除了出去玩，動手做點心也是不錯的選擇，尤其天氣漸熱，怕胖卻又想吃甜點的你，最適合來一份口感單純的輕乳酪蛋糕了，不妨大家一起來動手做這款零負擔點心，增進感情又添樂趣。

材料：

- 鮮奶300克
- 無鹽奶油110克
- 奶油起士350克
- 低筋麵粉40克
- 玉米粉25克
- 抹茶粉15克
- 蛋黃170克
- 蜜汁黑豆30克
- 蛋白霜

  蛋白350克

  細砂糖180克

  鹽1克

事前準備：

- 將模具噴上烘焙油，鋪上防油紙，光滑面朝上，需高於模型，粉類用篩網過篩。
- 無鹽奶油置於室溫下回軟，蜜汁黑豆瀝乾水分。

作法：

1. 鮮奶、無鹽奶油、奶油起士入攪拌盆，隔水加熱融化，加入低筋麵粉、玉米粉、抹茶粉拌勻。
2. 將麵糊攪打至光滑、無顆粒，加入蛋黃攪拌均勻。
3. 製作蛋白霜。將蛋白倒入盆中，以高速攪打至出現白色泡沫，加入細砂糖、鹽攪打成濕性發泡。
4. 取部分蛋白霜，放入作法2的麵糊以橡皮刮刀由下往上翻拌均勻，再加入剩下的蛋白霜混拌。
5. 麵糊分別入3個模具中，約為模具1/3的高度，均勻撒上黑豆。填入250克麵糊，於桌面輕敲數下放入烤盤，盤中入水至淹過模具約2公分。
6. 送入已預熱至210℃的烤箱，以上火210℃、下火130℃，烤15分鐘，再以上火120℃、下火100℃悶烤40分鐘後取出。

結合美學與食感的手作點心

文字整理｜謝儀方；攝影｜楊志雄

和菓子，日本飲食文化的代表之一，又分成三個種類：將四季表情、花鳥風月的變化完美呈現的上生菓子，水含量較多；較不適合久放的生菓子；水分較少呈現較乾狀態的干菓子。現在就跟著職人，從內餡、外皮、技法到裝飾，一步一步感受和菓子的手作魅力！

乙女菊おとめぎく

材料（1個）

- ●粉色練切 12 克
- ●白色練切 12 克
- ●黃色練切適量
- ●紅豆沙 18 克

道具

- ●竹籤
- ●三角竹刀

使用技法

- ●包餡漸層法

作法

1. 粉色、白色練切揉勻，進行包餡漸層法後，調整成山形。並利用竹籤尋找中心點，稍作記號。

2. 三角竹刀由中心點向下切割，再由下往上切出花瓣，共約十五至十七等分。

3. 三角竹刀的花蕊模型內填入黃色練切，輕壓練切中心製作花蕊即完成。

推 薦 書 籍

《和菓子：職人親授，60 種日本歲時甜點》
作者｜渡部弘樹、傅君竹
攝影｜楊志雄
定價｜450 元

● 好店。日式老屋飄咖啡香，文青控也迷的好所在！

庭院裡品味自家烘焙豆
——Giocare義式手沖咖啡

文字整理｜謝儀方；攝影｜籟蕭

不到十坪的庭院，擺著五、六張桌椅，沒有精緻的設計，
卻給人一種隨性自在的氛圍。

　　這裡原本只是單純做為陶藝工作室而買下，後來才在庭院裡擺上幾張桌椅，與客人分享自家店裡烘的咖啡豆香。咖啡有手沖單品也有義式，豆子多是南美或非洲的莊園，如哥倫比亞、衣索比亞等，坊間常用的耶加雪非在這也看得到；特別的是，豆子是用小玻璃瓶分裝，咖啡品項一目了然，相當方便客人選購。

　　同樣不能錯過的是招牌甜點布朗尼，

濃郁的巧克力香與杏仁片散發成熟的風韻，有別於一般口感；罌粟籽蛋糕帶點酸酸甜甜的滋味，罌粟籽的顆粒含在嘴裡有一種啵茲啵茲的爽快感，讓人難以忘懷。

　　除此之外，店內每個角落的陶藝品，幾乎都來自店家主人的巧手，陶瓷帶給人的溫度也讓這間小店充滿舒適溫馨的感覺。

　　下回來到花蓮，不要忘記走一趟花崗山，試試 Giocare 的閒散時光！

STORE-BOX

Giocare 義式手沖咖啡
地　址：花蓮市樹人街 7 號
電　話：0980-917-424
營業時間：15：30 ～ 20：00（週三、四休）

―推·薦·書·籍

1.《花蓮美好小旅行：巷弄小吃 × 故事建築 × 天然美景》
作者｜江明麗
攝影｜籟蕭
定價｜320 元

2.《宜蘭美好小旅行：口袋美食 × 私房景點 × 風格住宿》
作者｜江明麗
攝影｜高建芳
定價｜320 元

● 好養生。清暑益氣多蔬果

仲夏養生啖瓜果，無「便」一身輕

文字整理 | 吳孟蓉；攝影 | 楊志雄

炎熱酷暑，胃口不佳，多吃酸以固表、多吃鹹來補心，攝食益氣生津又易消化的蔬果，酷暑也可輕鬆過。

　　農曆五月端午後為仲夏之際，氣溫時常飆至 35 度以上，長夏酷暑容易使人傷津耗氣、心浮氣躁，在飲食調理上需注意鹽分和水分的攝取。而蔬果中，瓜類富含維生素 C、水分、纖維素，不僅消暑解熱，補充人體所需的電解質，也是助消化清除體內穢物的利器，讓人身輕、神清氣爽。

　　夏分為絲瓜、苦瓜、佛手瓜、冬瓜等各種瓜果盛產的季節，不妨將飲食中蔬果入菜的比例提高至 2/3，搭配豆製品或魚、肉、蛋，保持營養均衡。

冬瓜海帶瘦身湯

作法

1. 冬瓜去皮切大塊約 600 克，蘆筍洗淨切段約 150 克。
2. 冬瓜、陳皮 3 克、豬腱子肉 180 克、紅棗 6 粒入砂鍋，加水 3 公升約燉煮 80 分鐘。
3. 加入蘆筍、海帶結 120 克、鮮百合 1 粒煮 10 分鐘，加入冰糖 2 茶匙、生薑 3 片、鹽適量拌勻，食用前滴少許香油及米酒提味。

推薦書籍

1.《廚房好養生》
作者 | 周承俊
定價 | 360 元

2.《營養師最推薦的養生蔬果 114 種吃法，讓你遠離文明病、變美更健康》
作者 | 佟姍姍、楊志雄
定價 | 320 元

● 好物。野外活動必備裝備

許你一個完整的視野與透亮的影像
——雙筒望遠鏡

撰文｜吳孟蓉；圖片提供｜上宸光學國際有限公司

好的望遠鏡帶你入山林覽近萬物風景，由認識望遠鏡開始，讓它成為你旅行中的最佳拍檔。

可調式眼罩目鏡
Eyepieces with adjustable eyecups
靠近眼睛的鏡片為目鏡，為了使目鏡鏡片與眼睛保持最佳良視距離，在目鏡上都會設計眼罩。

屈光度調整環
Diopter compensation
透過此調整環校正兩眼視力的差異，使度數不同的雙眼能清楚欣賞目標物體。

物鏡 Lens
靠近目標物體的鏡片為物鏡。

中心對焦輪
Central drive
調整兩邊的對焦鏡片組，使景物清晰聚焦在人眼的視網膜上。

可伸縮眼幅調整環
Collapsible tubes
調整雙眼瞳孔距離，使兩眼均能順利看到影像。

三腳架固定器
Tripod adapter
連接望遠鏡與腳架的固定器。

正確操作方式
1. 將背帶調整至胸部以下肚臍上方，便於拿起時順手又快速。
2. 觀測前調整望遠鏡目鏡的左右寬度以適合兩眼距離。
3. 使瞳孔與目鏡的距離正確，觀測時有完整的視野。
4. 觀測前必須調整右眼視差以配合左眼。

推 薦 書 籍

《台灣經典賞鳥路線：出發賞鳥去！
鳥類觀察與攝影的實戰祕笈》
作者｜邢正康、范國晃
協力攝影｜莊崎州
定價｜450 元

● 好電影。改編知名作家「藤井樹」的同名暢銷小說

《六弄咖啡館》暑假最強檔華語電影

文字整理 | 呂增慧；圖片提供 | 華聯國際

結合青春、初戀的年少輕狂，一部成長與人生選擇題的愛情故事。

大雨的夜裏，一間尚未營業的咖啡館闖入了一位女客人，在因緣際會的巧合下，咖啡館老闆一邊煮著熱咖啡，一邊對她述說一段關於青春、初戀與無常的故事……。

單親的關閔綠（董子健 飾）和蕭柏智（林柏宏 飾）是從小就形影不離的死黨，義氣相挺的他們一起讀書、惡作劇，最重要的是一起把妹。他們為彼此製造機會的努力下，分別追上了學校女神級的李心蕊（顏卓靈 飾）和恰北北閨蜜蔡心怡（歐陽妮妮 飾）。儘管在校成績懸殊，但青春的愛情總是無懼又堅定。

直到……進入大學後，面臨的是遠距離的相處和不同環境的考驗，競爭的現實，無法及時訴說的思念，能否憑藉著每週一次的摩托車維愛之旅，維繫住原本單純無憂的愛情？死黨間會選擇奮力迎戰情場對手或者率性承認失去？瘋狂年少的堅定承諾、生死不棄的友誼能否繼續閃耀光芒，照映他們邁向世故的人生旅途？

─ 推 薦 電 影 ─

《六弄咖啡館》At Café 6
由暢銷作家藤井樹親自改編、執導的全新電影，結合青春、初戀和學生時代的年少輕狂，描寫青少年成長與人生選擇課題的愛情故事。
類型：愛情、劇情
導演：吳子雲（藤井樹）
演員：《德蘭》金馬獎最佳男主角提名 董子健
　　　《尋龍訣》金馬獎最佳女主角提名 顏卓靈
　　　《追婚日記》、《甜蜜殺機》林柏宏
　　　「特別推薦」歐陽妮妮
限定口碑場：7/8、7/9、7/10；全台正式上映：7/14(四)

好時光。生活裡有書有食物就豐足了

一本書店，簡單中的不平凡

文字整理｜李承恩；攝影｜陳招宗

嘗試給自己一本書的時間，遨翔在字裡行間，感受，從書中傳遞的溫度，享受閱讀而來的喜悅。

沿著這條被稱作「消失的老綠川」河溝，有家門前不大、不起眼的小店，只有專程來找尋的，或是走到他正門口駐足停頓，才能看見「一本書店」低調的招牌。

書店中書當然不只有一本，大部分是新書，少部分是二手書甚至是絕版書，居住在附近的店主夫妻，原本就喜愛閱讀，於是決定將興趣跟工作結合，才開起了「一本書店」，不求賺什麼錢，不過就是實現

「生活裡有書香」就豐足了。很多人專程來到這裡挖寶，碰到同道中人，自有意外之趣，所以與其說這是家書店，不如說是個愛書人可以抱著尋寶心情來駐留的好地方。

店主的經營理念中，我看到了堅定的夢想且勇於實踐忠於所愛，返璞歸真的生活態度，如果店主夫婦可以這麼淡然地面對他們的真實嚮往，或許賺錢已不那麼首要，一本書，一種生活，就滿足了。

———— 推 薦 書 籍 ————

STORE·BOX

一本書店
地　　址：台中市南區復興路三段 348 巷 2-2 號
營業時間：週三～週日 12:00~17:00（週一、二公休）

《台中城市輕旅行》
作者｜林麗娟
攝影｜陳招宗
定價｜340 元

充滿熱情的自助旅行成癮者——朱尚懌

撰文｜呂增慧；圖片提供｜朱尚懌（Sunny）

當發現搭飛機的次數比搭高鐵還頻繁時，我對著自己說：「恭喜妳，成為了旅行成癮者」，因為再窮、再忙⋯⋯都要去旅行——Sunny

「Sunny，廉航這個價錢可以嗎？還是我要再等等⋯⋯」、「Sunny，你覺得我是帶大的行李箱好，還是背個背包就可以了？」，總是不斷為大家解惑的這位具有國際領隊執照的資深自助旅行家，擁有滿滿的熱情與活力，她是朱尚懌，熟悉的朋友都叫她 Sunny。

甫從大學時期，打工賺錢的目的就是為了可以出國瞧瞧。尤其當廉航走進了台灣的市場之後，她以知己知彼百戰百勝的旅遊策略，開展了自己的「廉航」人生，且總是不厭其煩的到處推廣搭乘廉價航空的好處和應該注意的事項，並將這些豐富的經歷與讀者分享，鼓勵年輕人能利用少量的金錢完成出國自助旅行的夢想，就因為這樣的熱情，現在更是各大媒體爭相訪問的「廉航達人」！

然而朱尚懌並不是家境富有或一路順遂的女孩，當年會一腳踏入導遊及領隊的工作，部分原因是為了完成她和另一半共創事業的理想，帶團出遊的那段歲月，苦樂參半，但受到所有旅客的肯定，也讓自己再次戰勝了不同的挑戰。她覺得人生就像搭乘廉價航空去自助旅行一般，做足功課是必須的，即使過程中會有難以預料的變化，但若能抱持著隨遇而安和樂觀的態度，旅途中必定充滿美好的回憶。

--- 推 薦 書 籍 ---

1.《廉價航空全攻略：小氣旅行家必備》2016 全新增訂版
作者｜朱尚懌（Sunny）
攝影｜熊明德（大麥克）
定價｜350 元

2.《跳上新幹線，這樣玩日本才對：25 個城市與 60 個便當的味蕾旅行》
作者｜朱尚懌（Sunny）
攝影｜熊明德（大麥克）
定價｜298 元

● 總編輯的話

一把鹽，吃出真滋味

攝影｜楊志雄

只用一把鹽做菜，不唯善唯美，但唯真，吞下腹中熨貼且踏實

工作忙，餐桌上最常出現的菜色，不是清蒸便是水煮；比起清蒸我更偏愛水煮。時常是一隻土雞、幾樣根莖蔬果便成就了一餐。

先將土雞汆燙去血水後放入湯鍋慢燉，再把洋蔥、馬鈴薯、胡蘿蔔、山藥……等削皮切塊，依據軟硬熟爛的順序丟入鍋裡，水滾菜熟後，隨性地往湯裡撒一把鹽，不需高超的烹調技巧，最適合我這等懶人派掌門。每每週末煮上一鍋，可以吃上兩三晚，極具勞動效益。

一大鍋雜湯裡，唯一的調味是「鹽」，以鹽提鮮，吊出蔬菜的鮮甜，湯頭自是滋味俱足，也就不需要其他的調料來陪襯。

這一把鹽的烹調哲學是受華裔廚師——左壯的啟發。原本擔任影評與美食記者的他，卻決定洗手作羹湯在多倫多開了間餐廳；至於獻身鍋鏟的原因，他在著作《一把鹽》的自序裡解釋了：「現在的食物感覺離自然愈來愈遠，從種植一直到調味皆是。高湯不用親自熬，雞腿、牛排

可以在實驗室裡培植，連沒有任何天然成分的全化學食品都出現了！」於是，他決定親自下海，開家只用一把鹽做菜的私家餐廳。結果，餐廳幾乎是一位難求，天天爆滿。

這似乎也說明了，在食安問題叢生的時代，口腹裡的踏實感真是得來不易啊！一如書裡開宗明義說的：「只用一把鹽做菜，不唯善唯美，但唯真，吞下腹中熨貼且踏實。」

那天，闔上書後，我決定要還給胃囊一個公道。

呂增娣

推·薦·書·籍

1.《一把鹽：人間有真味》
作者｜左壯
定價｜300 元

2.《清蒸·水煮：清蒸水煮好吃的關鍵都在這裡！》
作者｜程安琪
定價｜199 元

想要擁有每一期的好好刊嗎？索取方式如下：
臉書
搜尋【微胖男女編輯社 - 三友圖書】粉絲團，私訊留下姓名、電話、地址、mail

微胖男女編輯社

1. Single Origin espresso & roast
隱匿於小巷中，單品咖啡的純然世界。
☎ (02)8771-6808
🏠 台北市大安區敦化南路一段 161 巷 76 號

2. 4Mano Caffé
啜飲人氣冠軍咖啡師的精品咖啡。
☎ (02)2391-1356
🏠 台北市中正區忠孝東路二段 134 巷 3 號

3. PUSH ONE
視覺與味覺兼具，享受咖啡飲品的美好。
☎ (02)2785-2221
🏠 台北市南港區昆陽街 1 號

4. Fika Fika Cafe
在這裡一起享受北歐式咖啡的休閒時光。
☎ (02)2507-0633
🏠 台北市伊通街 33 號 1 樓

5. COFFEE 88 咖啡捌拾捌
烘焙咖啡香，給你 100% 專業與用心的咖啡飲品。
☎ (02)2236-6518
🏠 台北市文山區木柵路一段 88 號

6. Peace & Love Cafe
分享，讓每個人都能喝到一杯好咖啡。
☎ (02)7730-6199
🏠 新北市新店區民權路 42 巷 18 號

7. 温咖啡
一杯咖啡，一段文字，讓味覺與心靈得到救贖的療癒咖啡館。
☎ 0988-831-901
🏠 台北市建國北路二段 258 巷 2 號 1 樓

8. Artista Perfetto
讓你一睹來自香港的咖啡藝術家，品嘗沖滿熱情的咖啡。
☎ (02)2763-7002
🏠 台北市忠孝東路 4 段 553 巷 6 弄 15 號 1 樓

9. MilkGlider
以牛奶舞出美麗的拉花圖案，引領你享受屬於自己的咖啡時光。
☎ (02)2712-3080
🏠 台北市松山區民權東路三段 160 巷 19 弄 36 號 1 樓

10. 老木咖啡
巷弄裡療癒系咖啡館，與貓共享寧靜時刻。
☎ (02)2735-6158
🏠 台北市大安區和平東路三段 119 巷 11 號

11. Caf'e 自然醒
品嘗冠軍烘豆師的經典咖啡，置身濃郁的咖啡香中。
☎ (07)536-6067
🏠 高雄市苓雅區中山二路 463 號

12. 一 十 × Cafe & Lifestyle
以咖啡師命名的品牌店，啜飲令人上癮的幸福滋味。
☎ (02)2606-9399
🏠 新北市林口區文化三路一段 402 巷 2 號 1 樓

13. Louisa Coffee 路易 . 莎咖啡 (六張犁店)
忙碌生活中可以獨享片刻優閒的咖啡時光。
☎ (02)2739-0241
🏠 台北市基隆路二段 190-1 號

14. Gina's122 Cafe
咖啡香搭配美麗的拉花，傳遞生活中的小確幸。
☎ (02)2562-3853
🏠 台北市中山區長春路 122 號

15. Beccafico Caffe'
品嘗手做甜點的美好時光，一壺茶，一份甜點，日日是好日
☎ (02)2341-5218
🏠 台北市杭州南路一段 11 巷 4 號 1 樓

16. 卡瓦利義大利咖啡館
座落於永康街中，品咖啡、聽音樂的溫暖一隅。
☎ (02)2394-7516
🏠 台北市永康街 2 巷 5 號

17. 後站。漫時光
手沖咖啡與無菜單輕食料理的絕佳組合，感受悠閒的時光。
☎ 0971-006-775
🏠 嘉義市西區遠東街 2 號

18. 舞麥窯
細嚼品味自製酵母結合天然食材的美味窯烤麵包。
☎ 0936-034-826
🏠 台北市忠孝東路三段 251 巷 1 弄 1 號

19. 台東都蘭「橘子舍」背包客棧
拋開煩惱，遠離塵囂，體驗東台灣的簡單生活。
☎ 0965-410-206
🏠 台東縣東河鄉都蘭村都蘭 146-2 號

20. 台灣大學合作社第七小吃部－原典鮮沏茶
校園裡循著茶香，感受杯杯現泡的好味道。
☎ (02)8369-5755
🏠 台北市大安區羅斯福路四段 1 號

21. Lovely cake 樂芙尼手工蛋糕
手工精緻的小蛋糕，品嘗浪漫的午茶時光！
☎ (02)2522-2855
🏠 台北市中山區長春路 130 之 8 號

22. 七三茶堂
簡單生活，喝茶簡單，隱藏松菸巷弄裡的文創茶香！
☎ (02)2766-7373
🏠 台北市信義區忠孝東路四段 553 巷 46 弄 16 號

23. 歲時亭
沿襲日本傳統的和菓子製程，一口茶、一口和菓子，感受兩者間所融合的淡雅風味。
☎ (03)522-3323
🏠 新竹市西大路 484 號

*好好刊寄放店家持續更新中，最新索取資訊將不定期公佈於「微胖男女編輯社 - 三友圖書」粉絲團。

好好刊 書籍訂購單

以郵政劃撥購買以下書籍 可享定價 75 折超值優惠

好讀 - 好書推薦

☐ 中學生了沒？英文腦筋急轉彎／揚歌著／定價 250 元／特價 188 元
☐ 拜訪昆蟲小宇宙：250 隻昆蟲的趣味生活筆記／孫淑姿著／定價 250 元／特價 188 元
☐ 成功者一定要知道的社會潛規則／邢志華、匡志強著／定價 280 元／特價 210 元
☐ 1+1 ≠ 2？科學家和你想的不一樣：一看就懂的 36 個經典科學定理／李嘯虎、田廷彥、馬丁玲著／定價 280 元／特價 210 元
☐ 世界軍用無人機圖鑑／王強著／定價 400 元／特價 300 元
☐ 一把鹽：人間有真味／左壯著／定價 300 元／特價 225 元
☐ 東京 · 裏風景 深旅行：19 條私路線，218 個風格小店，大滿足的旅程！／羅恩靜、李荷娜著，韓曉臻譯／定價 380 元／特價 285 元
☐ 歐洲市集小旅行：巷弄小舖 X 美好雜貨 X 夢幻玩物／石澤季里著、程馨頤譯／定價 290 元／特價 218 元

☐ 曼谷。午茶輕旅行：走訪 30 家曼谷人氣咖啡館／莊豫云、鄭雅綺著／定價 260 元／特價 195 元
☐ 尋找完美盛宴：失傳的法國美食之旅／約翰巴克斯特著／定價 300 元／特價 225 元
☐ 倫敦樂遊：暢遊英倫不能錯過的 100 個吃喝買逛潮夯好點／李慧實著、沈希臻譯 定價 350 元／特價 263 元
☐ 彩繪石頭：一堂療癒系的畫畫課／丹妮絲 · 施克露娜著 定價 280 元／特價 210 元
☐ 韓系彩妝，輕鬆變成韓劇女主角／林采恩著、楊志雄攝／定價 320 元／特價 240 元
☐ Stop！別再殘害你的肌膚：破解美妝保養的 41 個迷思／鄭惠臣、崔智現著 張鈺琦譯 定價 320 元／特價 240 元

☐ 設計師沒告訴你的省錢裝修術／aiko 著／定價 300 元／特價 225 元
☐ 高爾夫球聖經：從開球到揮桿全解，頂尖高爾夫球專家教你打好球／馬克 · 史密斯博士編 吳煒聲譯 定價 530 元／特價 398 元
☐ 媽媽給的幸福湯譜：一碗好湯，照護全家／黃楚權著／定價 280 元／特價 210 元
☐ 常見小毛病的茶療良方／梁浩榮編著／定價 320 元／特價 240 元

好好刊 - 推薦書籍

☐ 花蓮美好小旅行：巷弄小吃 X 故事建築 X 天然美景／江明麗著／定價 320 元／特價 240 元
☐ 宜蘭美好小旅行：口袋美食 X 私房景點 X 風格住宿／江明麗著／定價 320 元／特價 240 元
☐ 廚房好養生／周承俊著／定價 360 元／特價 270 元
☐ 營養師最推薦的養生蔬果 114 種吃法，讓你遠離文明病、變美更健康／佟姍姍、楊志雄著／定價 320 元 特價 240 元
☐ 台中城市輕旅行／林麗娟著、陳招宗攝／定價 340 元／特價 255 元
☐ 廉價航空全攻略：小氣旅行家必備 (2016 全新增訂版)／朱尚懌 (Sunny) 著、熊明德 (大麥克) 攝／定價 350 元／特價 263 元
☐ 跳上新幹線，這樣玩日本才對！：25 個城市與 60 個便當的味蕾旅行／朱尚懌 (Sunny) 著、熊明德 (大麥克) 攝 定價 298 元／特價 224 元

訂購書籍方式：

· 欲購買上列書籍，請在本回函上勾選所要購買的書籍，並將書價金額以定價的 75 折計算。
· 至郵局填寫郵政劃撥單，再將收據聯同此回函聯一併以傳真或郵寄方式寄回本公司。
· 滿千免運，未滿千元需自付 80 元運費。

郵政劃撥收款帳號｜ 0584-4889　**收款戶名｜**三友圖書有限公司
寄回地址｜ 106 台北市大安區安和路二段 213 號 4 樓　**傳真｜** (02)2377-4355　**電話｜** (02)2377-4155

好康再加碼 看好刊拿好禮

姓名：　　　　　　電話：　　　　　　生日：
地址：
E-mail：
是否第一次索取好好刊　☐是　　☐否　　*請務必填妥基本資料，再將此回函寄回本社。

地址： 　縣/市　　鄉/鎮/市/區　　路/街

段　　巷　　弄　　號　　樓

三友圖書有限公司 收

SANYAU PUBLISHING CO., LTD.

106　台北市安和路2段213號4樓

主播美食報

45 家動人美食 × 30 處順遊景點

細品 北 台 灣 真情滋味

作者／
石怡潔、徐敏華

看見美食背後的勵志故事

　　怡潔和敏華，因為多年的採訪經驗，文字功力特別流暢，她們細緻描述每道菜餚的層次口感，製作過程，又或者食材介紹，讓我邊看邊流口水之外，其實最吸引人的是餐廳背後的故事。

　　尤其在人物的背景介紹，好像我與料理者認識多年似的，知道他打拼的點點滴滴，甚至他有今日的成績背後付出的努力，還有早已數不清的嘗試、失敗、再嘗試……，才有眼前的果實，因此對於桌前的菜餚，不論菜單價格多寡，在我心中，它其實已經無價了，也讓我超想立刻就去嘗嘗。

　　台灣是美食王國，要找到好味道又快又容易，但觸動人心的感動，真的需要挖掘，兩位主播因為本身的工作經歷，會更敏銳的嗅到「不一樣之處」，這不是催淚的洋蔥美食筆記，也不走瑰麗路線，而是多少人成功背後的努力紀實，原來這也是本勵志書。

　　對了，兩位主播自從升格為媽媽之後，對於親子旅遊、親子餐廳的搜尋敏感度大躍進，而且更能以親身經驗，清楚明白又真實的分享心得，ㄟ！我似乎看到她們，就要出版第二本書了，主播的親子美食、主播的親子旅遊、主播的親子露營……，各位爸爸媽媽有福啦！

部落客／吳酸酸

初心滋味，食在雙饗

味能，是人生救贖裡一道究竟的解藥，在百里不同風，千里不同俗的美食DNA下，進一步深入反芻與省思，覺醒當下真滋味。初見石怡潔、徐敏華兩位名主播的美食新著作，就能讓人油然升起這般原味覺醒。

我和怡潔是一見如故的好姊妹，多年前由她精心策畫的八大菜系追本溯源尋根專題，讓我見識到一位專業主播的涵養與深度，為能深入淺出探討菜系裡面的歷史演繹、人文風景與刀工火候，怡潔幾乎翻遍了美食相關書籍考證，不僅訪談到位，更讓在美食圈身經百戰的我有些許招架不住。

敏華則是資深美食新聞採訪能手，只要話題在她手上，就能呈現三百六十度思考面向的美食影像與消費觀點，每一則新聞都叫人津津樂道、拍案叫絕。

兩位專業主播對原味覺醒之所以能夠如數家珍，正是開啟了自體潛在味覺本能的記憶體，投射在每一種滋味上，或從味道檔案裡搜尋到對應的人事物上，進而咀嚼人生、反觀自照。依味覺感官承載力的差異，從而分享她們最精闢的美食映象與美味觀點。正是如此，使這本書耐人尋味，值得細細收藏與品味。

資深美食評論家／費奇

「3D」版的美食書

　　美女和美食一樣令人食指大動！更何況是美女主播介紹的美食，讓人看著看著忍不住肚子餓了起來……。

　　我記得十年前跟怡潔和敏華跑線的時候，從來不知道我們三人跟美食會有連結，沒想到十年後，我轉戰飯店餐飲業；而怡潔和敏華雖然仍堅守新聞崗位，但卻出了一本如此「3D」版的美食書。為何說是「3D」版的美食書？因為透過一張張精美的照片，令人彷若身歷其境，美食的滋味在唇齒間跳動著，此為第一度；藉由兩位主播親身採訪以及妙筆生華的文筆，令人看到了美食背後的那份堅持，每一個故事都讓美食的滋味快速消化、昇華到了大腦層次，此為第二度；搭配怡潔和敏華無與倫比的超級魅力，令人感受到百分百的幸福感，美食的滋味幻化成兩位知名主播美妙的聲音，餘音繚繞耳際久久不散，此為第三度。總結一句話：這真的是一本CP值超高的旅遊美食書。

　　美國知名烹飪大師Julia Child曾說，烹飪是種藝術，人們不該抱有「隨便做做」的想法，得要留心挑選新鮮食材，用好心來烹調、吃的時候也要多用心，顯見美食絕對是可以拉近人與人距離的秘密武器。看完這本書，不論您是Eater（食客）或Cooker（煮者），記得多用點心，也許就能吃出美食的另一種味道！

雲品溫泉酒店副總經理／唐玉書

用心親嘗，領略真情滋味

　　台灣的美，在於人的溫度、更在街道巷弄間。漫步歷史街區或是來個不快不慢時速十五公里的自行車輕旅行尋悠攬勝，忽撇見轉角排隊美食，廚房裡賣的不只是色香味，還傳遞著濃濃的人情味與一件件生活故事。沒有親身感受，您無法理解菜餚的深度；沒有親臨體驗，更不能感受到那份人的溫度。

　　主播台上，看到敏華、怡潔專業又權威的台風，在書中，感受到她們變身玩家的「小清新」，感受到她們迫不及待引領我們探訪這些近在咫尺、卻又容易被忽略的美景、美食。用親切感、沒界線、零距離的介紹，景點也變成和她們一樣，有著鄰家大姐姐般的親切與溫柔。表情，是騙不了人的，主播展現對新聞事件的敏感度，導引我們領略推薦美食，看得我口水也不停地打轉。這正是台灣的「Life style」，獨有的生活型態，也是我們希望推薦給全世界觀光客的台灣魅力。

　　只有真正走過、用心品嘗，才會有感，才會有味！請放下手邊的煩雜，讓敏華、怡潔帶著我們一起探索台灣之美，旅行台灣，就是現在。

交通部觀光局副局長／劉喜臨

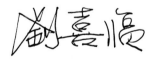

交心感動，記錄幸福

在海拔二〇八〇公尺高的武陵農場，入夜之後頂著八度低溫，要趕第十八篇的餐廳稿，伏案帳棚邊的小木桌，被凍到很不靈活的手指努力在鍵盤上敲打，只為了趕緊給不斷奪命連環叩的編輯一個交待……，說真的一開始萬萬沒想到寫書會寫到這麼「囧」！

《阿甘正傳》裡一句話我一直很喜歡，「人生就像一盒巧克力，而你永遠不知道下一口會嘗到甚麼滋味」，寫書對我來說正是從來都不在願望清單裡的新鮮滋味。依稀記得和好同事也是好姊妹敏華說起了，過去五、六年因為擔任客家節目主持人累積不少CP值高的餐廳，只在電視上播出有點可惜，很想寫下分享給大家，沒想到幾天後就在一場餐敘上遇到美食家費奇，我告訴她，我很喜歡她解構美食的筆觸，費奇老師一句「你也可以」，於是我初生之犢不畏虎抓了敏華找了出版社談寫書，出版社也很大膽和我們一拍即合，我的寫書第一次就這麼開始！

因為記者生活總是不定時，再加上手邊也在進行新的客語教學節目，不是客家人的我卯足全力，壓力大時間緊，於是和出版社之間開始出現緊張的氣氛，你追稿我閃躲，你催促我迴避，幾度想放棄，一直到交稿的篇數越來越多，一直到一次次回憶起和這些餐廳老闆們交心深談的感動，一直到終於交完稿了。

對上一張張照片，這些老闆們對於食材的堅持，對於美食的憧憬，或是在客庄或是在山間，築夢踏實，有些人甚至從開店的過程中實現生命，找到家的溫暖，好多故事在我的筆尖被記錄著，我的心好幸福。

寫書寫到快被編輯放棄的窘迫恐怕沒幾人，但是我卻漸漸喜歡這感覺這過程，在書要付梓前，我已經很確定我還會繼續寫下去，讓這些美好的故事未完待續………

石怡潔

用美食包裝人物，用人物傳遞美食

　　在媒體工作十幾年，真的是忙忙忙，每天有追不完的新聞，處理不完的專題，主持節目之後，又是不同的挑戰，但這份工作，卻可以讓我在不同領域，遇到不同的人、不同人的人生、不同人的人生故事，只可惜被時間追著跑的日子，沒能讓我把這些吸引人的故事集結成書。但這些小人物的故事，有著動人的篇章、有著勵志的人生體驗，如果讓它隨著時間流逝，真的很可惜，還好在大家的鼓勵之下，終於能夠圓夢，跟怡潔一起努力，讓這些感人的點點滴滴，可以有機會跟大家分享。

　　故事中的美食，驚豔味蕾；而餐桌背後的故事，觸人心弦。單親媽媽退無可退之後，學習從谷底翻身；大老闆賺到金錢卻累壞身體，放棄在商場爭鬥，打造屬於自己的開心農場；手球國手不放棄夢想，用比賽獎金，構築自己的手球咖啡廳；媒體人前往法國學藝，就為了返鄉之後，能在小城鎮裡，成就自己的法式餐廳……，他們的故事，可以讓人心，扎扎實實地得到力量。

　　四十五個有故事的餐廳，有傳承客家的底蘊、有顛覆傳統的創新、有堅持手作的感動、有不怕艱辛的硬頸，我們用美食包裝人物，用人物傳遞美食，就是希望讓大家，除了用舌尖，也能用心細細品味。

　　寫完書序，就可以殺青了，耶～！我們傻傻的以為出書很簡單，沒想到在照顧家庭跟忙碌工作中，要擠出時間約訪餐廳、寫稿、校稿、確認風格還頗困難，終於完成了，希望有機會再出第二本、第三本書……，謝謝八大、謝謝我愛的家人、謝謝親愛老公大豪跟寶貝誠誠陪著我到處吃吃喝喝，也謝謝怡潔陪我圓夢、謝謝佩樺幫忙校稿、也謝謝辛苦的出版社跟昌昊，因為催我們稿，真得要很有耐心跟毅力～謝謝大家。

徐敏華

目錄 CONTENTS

台北 · 精緻異鄉風情

桃園 · 養生慢活之樂

台北

CHAPTER 1

精緻異鄉風情

作為台灣的首善之都，台北有著豐厚且國際化的文化資源，讓這裡的美食，也跟著呈現出多樣且富創意的精彩樣貌。就跟著怡潔與敏華的腳步，一起探索創意無限的台北美食吧！

🏠 新北市淡水區中正路
272號

📞（02）2626-7570

☕ 週一至五12:00～
22:00，週六、日
11:00～22:00

💲 有299、499、699三
種套餐價位

英國奶奶

英國女孩從路邊攤圓夢

淡水除了有海、有渡輪、有阿給，還有什麼
呢？這個充滿歷史古蹟的地方，還有一個英國
女孩的圓夢的故事。英國女孩Amy，不到三十
歲就已經在淡水開了一家英國餐廳，特別的
是，她的圓夢之旅，可是從路邊攤起家⋯⋯。

圓夢第一步，從馬鈴薯開始

　　「英國奶奶」是這家店的店名，是要讓大家都可以吃到英國奶奶的好手藝，只是能開店真的不簡單，因為Amy跟老公凳子，可是從英專路的餐車開始他們圓夢的第一步。他們在北京旅遊時認識，兩個背包客一見鍾情，緣分的紅線，把身在換日線兩端的他們緊緊相繫。每說起這段異國戀曲，兩個人洋溢幸福笑容，不過，剛到台灣的Amy其實並不開心，因為她從七歲就跟著媽媽學作菜，從小就立志當廚師，在英國也找到了廚師的工作，為愛走天涯到台北之後，卻只能當補習班的英語老師。Amy：「我那時候就是個補習班老師，凳子是上班族。雖然兩個人可以在一起，但是教英文不是我的志願，我不是很開心；凳子每天工作很忙，也不是很快樂。所以我們就決定一起創業。」

　　有了創業想法，Amy第一個就想要賣英國料理，因為她到台灣來，發現很多台灣人對英國美食印象只有「炸魚薯條」，所以她決定要讓大家也嘗嘗英國道地的美味料理。「英國有很多好吃的，不是只有炸魚薯條而已。不過因為我們沒有錢，所以做餐車的時候，只能先賣馬鈴薯跟飲料，但總類相當多，有培根雞肉、深海鮪魚、義大利肉醬口味等等。」

古董老烤箱，烤出英式好味道

　　一般外面的烤馬鈴薯都是用起司醬，但Amy卻在馬鈴薯上灑滿起司條，讓大家可以吃到「只濃你口、不濃你手」的香濃起司。吃一口之後會發現：濃郁的起司並沒有搶走馬鈴薯風采，因為馬鈴薯熟度適中，入口即化，濃郁香氣加上獨家醬汁、配料，口感豐富又有層次。

　　吃著馬鈴薯，忍不住要問，這怎麼烤的啊？怎麼會這麼好吃？被我「誇獎到答舌」的馬鈴薯還真的不是隨便烤烤，用的可是古董老烤箱。「這烤箱四十歲了，是我從英國鄉下特別找來的。我那時候沒有錢，買不起新的烤箱，所以我就去找那種人家不要的烤箱，叫他便宜賣我，這個烤箱不貴，但是運費比烤箱貴，而且它很重，要五、六個男人一起扛才扛得動。」這麼神奇的烤箱，我還是第一次看到，他們會先將馬鈴薯抹上橄欖油以及特製香料，而烤箱下層是烤馬鈴薯區，慢火烘烤，時間一到再翻面就能讓馬鈴薯受熱均勻，而上層主要是保溫，所以烤完的馬鈴薯還得要放到上層去。有了老古董的加持，Amy的馬鈴薯才能顆顆鬆軟、個個香氣滿溢。

美夢成真，淡水街上重現英倫風情

　　就這樣，「英國奶奶」靠著馬鈴薯累積了高人氣與足夠的資本，Amy跟凳子終於美夢成真，有了自己的店面。「那時候為了存錢，喝飲料就兩個人喝一杯、三餐都吃賣不完的馬鈴薯，存到錢之後，就想在有滿滿回憶的淡水，開一家屬於我們自己的餐廳。」Amy跟凳子的店，雖然離老街有段距離，但還是有很多人慕名而來，因為很多網友説想吃正統的英國料理，不用搭飛機，到「英國奶奶」就行。

　　店面很顯眼，因為外面有一面很大的英國國旗，還有Amy的個人看板，絕對不會走錯。店內完全就是走英倫鄉村風，有大笨鐘、也有英國地鐵地圖，

Amy烤了招牌的馬鈴薯讓我嘗嘗，整份餐點簡直像藝術品，色彩超繽紛！配菜也要特別介紹，是英國媽媽的家傳沙拉，高麗菜是主角，搭配紅蘿蔔、洋蔥，加上特製酸奶，超級「涮嘴」，更豐富了馬鈴薯的口感。

圖片提供：英國奶奶

很多人看這個地圖，都會不自覺的「哇」一聲，因為手繪版本超有誠意，不但讓你想立馬飛到英國走走，也絕對讓捧場的老饕們有在英國吃美食的FU。

不只是炸魚薯條的英國美食

「一開始聽到英國好吃的只有炸魚薯條，我好難過哦，真的不是這樣，很多好吃的都在英國媽媽的廚房裡。」Amy不斷強調英國的美食不只炸魚薯條，所以特別弄了一道招牌前菜──蘇格蘭炸蛋。「這是一七〇七年，倫敦一家百貨公司推出的高級餐點，在英國大多當冷盤，但台灣人習慣吃熱食，所以我們就以熱食為主，作法是豬絞肉包著半熟蛋，裹上麵包粉跟蛋汁，捏成球狀後，再下鍋油炸到金黃色。」秀出橫切面，真的令人食指大動，有人說口感很像台灣的獅子頭，不過其實它更清爽、更精緻。

其它吸引人的菜單還有「蜜蘋果烤英式芥末白酒豬」，Amy說她小時候，都會去叔叔的農莊玩，莊園裡最多的就是豬跟蘋果樹，所以最常見的就是蘋果燉

圖片提供：英國奶奶

豬肉，所以Amy也把這樣的概念，融入她的創意裡。「我把蘋果跟蜜糖煨到入味，然後再把豬肉淋上白酒，接著一起放入烤箱烤，讓它軟嫩、入口即化，再配上英式芥末醬，又甜又鹹又有黃芥末的嗆，甜鹹嗆混搭、真的是天衣無縫。」另外還有英國司康、蘋果酥餅等甜點也都相當吸引人。

義無反顧的勇敢追夢

當然，炸魚薯條還是要品嘗一下，畢竟它真的是英國的招牌，尤其Amy家的炸魚薯條還真的會令人上癮！酥炸鱈魚很鮮嫩、香氣十足、更沒有魚腥味。炸魚薯條要好吃，醬料也是重點，青豆醬、酸奶醬，不同的醬料，會讓味蕾碰撞出不同的火花。

Amy勇敢追夢、為愛繞著地球跑，真的要掌聲鼓勵鼓勵。汗水、淚水交織、努力跟歡笑堆砌，讓美夢終於成真，英國女孩說：剛開始經營餐車的時候，「香腸」、「香草」搞不清楚，很多人講台語她只會回答：「我聽嘸！我聽嘸！」但有了路邊攤的歷練，現在的她中文很溜、台語也能說上幾句，很多人羨慕著Amy的勇氣，但對Amy來說，她只是義無反顧的往夢想前進，語言不通，就多聽多學、日曬雨淋的擺攤生涯，對她來說並不苦，經過夜市人生的淬鍊，讓創業之路愈走愈穩。

VEGE CREEK
蔬河

東區的五星級健康滷味店

🏠 台北市大安區延吉街
　129巷2號

📞（02）2778-1967

☕ 12:00～14:00
　17:00～21:00

💲 時蔬、菇類每項35元，
　麵類、滷料每項20元

東區是餐飲業的一級戰區，低單價的餐飲要屹
立不搖更不容易！「蔬河」主打素食滷味的健
康理念，輕工業風的店面裝潢，再結合文創設
計，讓它在一級戰區裡打響名號，不但擁有
「五星級」的好口碑，人潮更是絡驛不絕。

推廣健康，傳遞微笑的主題設計

　　走進「蔬河」，店內輕工業風的裝潢，讓人很難想像，這裡賣的是素食滷味。這其實是老闆許淞堡、江金益兩人的創意。「我們希望能在水泥森林裡，推廣體內環保，所以就是以水泥工業風為主，我想這樣跟我們的理念比較相符。」七年級中段班的兩人，是勤益科技大學工業工程與管理研究所的同學。興趣相投的他們，都以創業為目標，為了賺人生的第一桶金，相約到澳洲打工，賺取了創業基金，就這樣一步一腳印的朝夢想前進。

　　一個人負責食材、一個人負責管理，「蔬河」開業至今已有四家店面。說起選擇開滷味店的原因，許淞堡說：「其實從念書之後，就當外食族，吃到飽餐廳、泡麵、不是大餐就是炸雞，覺得很少吃到蔬菜，非常不健康，所以就想要有一間店，可以鼓勵大家多吃蔬菜，所以就開了一家素食滷味店，我自己在開業二個月後，也決定吃素，因為真的很健康！」

　　而說到裝潢，許淞堡更是滔滔不絕：「我們設計了一個長桌，中間放調味

料，然後想要什麼調味料，可以請不認識的對方伸手遞給你，讓陌生的兩個人，也能面對面的送上微笑。我覺得這種感覺很美好，也是現代人缺乏的，所以我把這樣的概念放在這個店內的長桌上。」

蔬菜牆面富童趣，噱頭十足又聚焦

「蔬河」有一面相當吸引人目光的蔬菜牆，綠油油的牆面，看了就令人有好心情，這也是吸引很多路人進門的關鍵。牆上鮮嫩的蔬菜，至少十種以上，都是員工一早到果菜市場採買，雖然很辛苦，但能保證絕對新鮮。蔬菜買進門，光是處理也相當花功夫，葉菜類得要一片一片的摘下來、用活水清洗十五分鐘，就是希望保證農藥無殘留，洗完後再

一葉一葉的包回去，讓它可以再「種」回蔬菜牆。這面牆上的蔬菜，饕客上門可以自己取用。「取用的方式，很像拔蘿蔔，相當富有童趣，而且也衛生，你在挑選的過程，都不會碰到其它的葉菜類。」

　　蔬菜牆的概念，源於他們在念書時，看過以環保為號召的「植栽牆」，它不但能夠傳達愛地球的概念，也能夠吸引目光。「一進門，消費者會先看到這一面牆，這也就是我們想傳達的，希望大家多吃蔬菜。」

十幾種中藥製滷汁佐新鮮食材

　　其它的滷味食材也很有趣，用塑膠袋一包一包的放在金屬鍋裡，變成另一面食材牆。他們運用裝潢的巧思，讓每樣食材看起來都很可口，看看他們的食材，很少食物加工品，為的就是希望大家吃到最原始的味道。「我們會覺得說，現在大魚大肉，真的太容易取得，大家也吃得太多了，現在只是少一個單純只吃蔬菜的地方，所以我們希望讓大家盡量只吃蔬菜。」

　　他們也精心研發滷味湯頭，十幾種中藥熬煮，沒有其它的香精、調味料，

希望用最簡單的方式，讓大家可以吃到食材原味。「蔬菜性寒，中藥較燥，兩者搭配剛好可以中和；由於沒有其它的調味，覺得太淡的民眾，可以自己利用桌上的調味盤，再進行調味。希望能讓大家從最單純的口感，去感受食材的美味。」

為了滿足顧客視覺跟味覺，因此擺盤也有巧思，不是一撈起鍋就隨便放入碗中，也會處理一番才上桌。

特製器皿承載夢想╳推廣文創幫助小農

店裡處處有驚喜，以盛裝的器皿來說，也是精心

挑選，他們特別到鶯歌陶瓷廠，找到跟他們一樣不服輸的年輕人，開發了一系列適合擺放滷味的寬口大碗，他希望讓大家覺得吃滷味也可以很時尚。「我們希望大家給我們機會，我們也能給其它年輕人機會，所以我們找到一樣年輕創業的陶藝家，幫我們設計一系列的碗盤，成本相當高，一個碗就要價上千元，是其它業者的好幾十倍，但是我們希望讓大家覺得吃滷味，也能像吃其它美食一樣，可以同時滿足視覺跟味覺。」這些沉甸甸的器皿是夢想的實現，也承載著兩位年輕人的堅持與熱情。

說到有想法，他們真的很與眾不同，他們還發行了自己的季刊，為的是「推文創、助小農、推廣綠化」。他們在店內，擺放小農生產的水果，並附上小農的聯絡方式，喜歡的民眾可以隨喜捐後自己取用，也能自己跟小農聯絡購買。

他們還讓其它文創設計師，也能在店內擺放自己的文創商品販售，沒有高額的通路費，他們只希望自助而後助人。「我們就是設計一個平台，讓很多新銳的文創設計師，可以在這個平台上發光，讓他們的東西也能被其它人看見，就像我們希望我們的店，也能被很多人看見一樣。」

新北市汐止區建成路56
巷7號1樓

（02）8642-3252

週一15:00～21:00
週二～週五9:00～
21:00

一盒50元

https://www.
facebook.com/
MaMaChuFang

媽媽廚坊

張凱玲靠滷味滷出新人生

新北汐止的這家滷味攤，門外沒有顯目的攤
子，也沒有大大的招牌，更看不到到底賣些什
麼，卻不斷有顧客上門。老闆娘張凱玲用心製
作的冰鎮滷味，口味獨特又入味，開業二年
多，在愛評網的團購榜單上始終相當熱門。

用心滷出好味道

八坪大的滷味工作室，四個大鍋爐，張媽媽（張凱玲）就靠這四個爐子，滷出她的新人生。凱玲一一介紹她的商品，種類很簡單，就四樣：「焦糖蛋」、「香辣豆干」、「香辣海帶」、「香辣花生」，都是素食。為什麼只有四種？她說：「我希望講求品質，所以重點是在精不在多，我們都是賣完就沒有了。每天的味道會講求一致，不會說今天味道重一點、明天淡一點，因為我都是親自顧爐火。」

廚房很乾淨、鍋爐也天天洗到發亮，穿著圍裙的凱玲，一下招呼上門的客戶，一下接電話處理網購的訂單，一下又得確認滷味的火候。很多顧客都覺得她就像家裡的媽媽一樣，總是在下午滷一些點心，等著小孩下班下課當零嘴。

問起她開始賣滷味的緣由，背後竟有一段令人鼻酸的故事。二〇〇七年以前，凱玲每天穿著漂漂亮亮的，在親戚的服裝公司上班，職位只比老闆小，薪水相當不錯；而丈夫在長榮海運當船長，收入頗豐，非常疼她，薪水更歸她管。「我們兩個結婚十多年，不但沒有吵架，出門還會牽手，感情很好。他很有耐心、脾氣也好，喜歡看書、聽音樂、交響樂，是那種長輩看了會很喜歡的女婿。」

頓失支柱，從天堂掉入地獄

說起丈夫，凱玲還是洋溢著笑容。她四十歲前的人生，有著人人稱羨的老公，經濟無虞；她的母親也被接來家裡一塊住，平時更幫忙照顧小孩、料理

家務，讓她完全不用操心，一家六口和樂融融，就像童話故事一樣，過著幸福快樂的日子，沒有想到的是，四十歲那年，人生開始走樣。

二〇〇七年，親戚的服飾公司結束營業，本來她想就此退休享清福，但一個月之後的變化，讓她彷彿從天堂掉到地獄，「我記得那一天，接到長榮海運的電話，老公的同事跟我說，我老公心肌梗塞。聽完電話，我腦海一片空白，他接下來講什麼我根本沒在聽，回過神時還想，會不會是詐騙集團？」

她一直希望是詐騙集團，但老天爺沒跟她開玩笑。半小時後，丈夫的同事上門，那天她放聲大哭，哭到不能自已，之後更是天天以淚洗面。她不能接受丈夫驟逝，不敢相信丈夫會這樣離她而去，因為小孩都還很小，大兒子當時才國小六年級。「我每天像遊魂，整個人空空的，但突然想到很多單親家庭，因為媽媽不顧家，小孩就跟著學壞，二個月後，我終於重新振作起來，開始開店賣衣服。」

賣衣失利，賠錢就當繳學費

「我以前的生活很揮霍，常去逛百貨公司，鞋子一次可以買個上萬塊，很多鞋都沒有穿過。而且買東西不用看價錢，也不用擔心花錢會不會沒生活費，完全不用思考沒錢這件事。」回想當初，凱玲說她當時真的不懂得持家，但丈夫過世之後，養家的重擔就落在她的身上。

要想負擔家計，就要開始找工作。她自恃有服飾公司的經驗，開服飾店應該沒有問題，沒想到卻慘賠收場。「那時候以為老闆娘就是穿得漂漂亮亮的，然後把店給員工管就好了，不懂得親力親為，我也無心在工作上，就這樣每個月賠十幾萬，連續賠了二年。」

之後店面轉做格子店三年，但一樣沒賺錢。「五年的創業日子很慘，只有支出、沒有收入，全部賠光了。賣衣服賠錢、開格子店也賠錢，不過就是這樣置之死地而後生，沒有退路了，才終於能明白：要認真才能做好生意。」

善意分享，成就了暢銷商品

「那時候很失落，後來參加助念團，也到醫院當義工，想說準備一些東西給義工們吃，但自己不太會煮，後來在網路上看到滷素豆干，好像很簡單，就自己試著做。」張凱玲跟義工分享她滷的素豆干，大家都讚不絕口，也讓她開始轉

念：「要不要乾脆改行賣滷味？」

「一開始是親朋好友，還有義工朋友先訂購。他們會給我意見，跟我說味道怎麼樣，要淡一點還是要味道重一點。」張凱玲從家裡的廚房開始了她的第一筆滷味生意。熱的滷味很容易走味變酸，所以凱玲決定專賣冰鎮滷味。開業二年多，她不斷調整口味跟口感，生意愈來愈好。其中的不二法門，就是東西一定要真材實料、不加防腐劑。「我當天做完就會進冰箱，賣完就沒了，可能是新鮮吧，所以口碑不錯，生意愈來愈好。」

負責到底的態度，重新出發

這回做生意，張凱玲領悟到凡事要不假他人之手，才能維持食物的高品質。網友好評不斷，有人說她的豆干是「爆漿豆干」，就算是冰的，一樣會爆漿。「就是要掌握火候，然後滷的時間要算的很準，我花生一定會挑大顆的，蛋如果滷的不漂亮，就不會賣。另外，醬油、滷包五年來都不會改變，不會因為東西變貴了，就換原料，我不會這樣。」

「曾經有人說，我覺得今天的豆干好像沒有爆漿。可能是那天豆干比較大塊，所以滷的時間一樣就會感覺沒這麼入味，我馬上就再滷一鍋，親自送過去道

歉，開始懂得做生意就是要負責到底。」

　　以前買東西完全不需要思考，重視物慾，但現在的她會計算成本、利潤，也懂得持家養家。「我小孩要吃滷蛋，我會說你要吃NG的蛋，因為漂亮的蛋是要賣的。一開始花生沒有賣完，就吃花生炒蛋、花生蛋炒飯，每餐就這樣吃，也很好吃，又很省錢。」

為母則強，持家、養家一手包

　　「有人問我說：我要當爸爸，又要當媽媽，會不會很累？其實我跟小孩都認為我的老公還在，有什麼想商量的事，我的小孩都會去他爸的牌位前擲筊，就好像他還在我們身邊。」喪夫之痛，曾經讓張凱玲活在自己的世界無法自己，但轉個念、換個生活方式，又有不同的人生。她說，她覺得自己又成長了一次，這回知道心靈的富足，是花大錢買不到的，重要的是一家子都能平安喜樂。

　　張凱玲四十歲之後的人生，嘗盡人情冷暖，經歷了丈夫驟逝、經商失敗、存款歸零。但她不放棄人生、做義工、樂觀看待生命，創立了「媽媽廚坊」，店雖然不大，有訂單才買材料下鍋滷，平常沒事就當義工。「現在沒什麼花錢，反而覺得人生幸福、又富足。」其實，她的滷味很簡單，就是媽媽的味道，一個媽媽為了三個小孩拚命努力的味道。

枕戈待旦

空運來台的道地馬祖味

🏠 台北市中山區興安街93號

📞（02）2502-2252

☕ 11:00～22:00
（週一公休）

💲 繼光餅30元，老酒冰鎮醉
蝦320元，乾炒酒糟雞
240元，野生烏魚子
1000元，香Q黃金餃
（大）240元

馬祖道地的菜餚相當美味，不過想吃的話，不用飛馬祖，在台北也能吃的到，因為馬祖囝仔Nick，把馬祖菜搬到台北興安街，而且取了個很有意思的名字，叫做「枕戈待旦」。

來自家鄉的精神標語

　　「枕戈待旦」，光聽店名，就會忍不住會心一笑，因為到過馬祖的人都知道，搭「台馬輪」抵達南竿之前，遠遠的就可以看到「枕戈待旦」四個大字，你會發現這時候遊客全醒了，有相機的拿相機、沒相機的準備手機，一定要拍照留作紀念。為什麼取「枕戈待旦」當店名呢？Nick說：「『枕戈待旦』是馬祖的精神標語，意思是枕著武器睡覺等天亮，也就是時時刻刻備戰的意思。開店也一樣，就是無時無刻都不能鬆懈！」

　　Nick不到三十歲就開了自己的店，為的就是想要發揚家鄉美味記憶。曾經擔任過馬祖導遊的他，心中一直有個夢：要讓台灣的民眾都能知道馬祖的好、馬祖的美；加上他曾擔任美食雜誌的企劃，對於美味的挑剔，讓他更想推廣真材實料的家鄉味，終於在二○一四年五月，開了屬於自己的店。

他們備茶水用的是馬祖老酒壺，這可是有二十幾年歷史，打破一個少一個，但能讓顧客馬上感受到：他們賣的絕對是正港馬祖菜。一餐吃下來你會發現，這裡從茶水、前菜、主食、到甜點，都飄著濃濃的馬祖味。

馬祖青年的海味記憶

　　「馬祖菜有三寶，老酒、紅糟跟海鮮，這就是馬祖菜的精髓。」「枕戈待旦」強調絕對道地，所以他們使用的三寶，全部都是馬祖貨！像是海鮮，為了讓它「尚蓋青」，這些海鮮是每天搭飛機來台灣，如果遇到颱風、大霧，當天的淡菜、佛手（貝類）、生蠔等海鮮就會缺貨，雖然這些生鮮，也能從基隆進貨，但對Nick來說，一定要made in馬祖才有意義。

　　「如果航班有狀況，我們就會打電話提醒消費者，今天的海鮮缺貨，如果民眾是衝著海鮮而來，就只能請他們改天再來捧場，絕不會用其它產地的海鮮，因為我不想要砸自己的招牌。」這些海鮮每天搭機來台，成本真的很高，但是Nick堅持，開店

就是為了讓大家在台灣本島，也能吃到馬祖味，所以絕對不能棄守初衷。

　　他們的海鮮料理，幾乎不太用調味料，為的就是要讓大家吃到最鮮美的海味。像是飄洋過海，直送而來的淡菜，經過處理之後就下鍋煮湯，業者以清水代替高湯，湯頭無需過度調味，為的就是要讓老饕可以感受滿嘴鮮甜。Nick：「淡菜是涼性食材，我們只用老薑、枸杞、蔘鬚就下去煮，這樣就能小補一下暖暖身。」

馬祖老酒入菜飄香

　　用馬祖當地人釀的老酒入菜，絕對道地！道地的老酒，溫補活血，用酒燉食材，不但美味而且養生，所以在馬祖，最常把老酒跟麵線一起烹調，幾乎每個做月子的產婦都要以此進補，因為它可是能夠舒筋活血。其實，就像台灣人不能缺少米酒一樣，馬祖人也少不了老酒陪伴。老闆說：「以前一杯溫熱的老酒，可是寒冬中最佳飲品。」不論是蒸小捲、蒸黃魚、蒸淡菜、還是香煎黃魚干等等，都

可以聞到濃郁的酒香，不過，老酒有香氣，但並不搶戲，它不會搶著食材本身的鮮味。

以老酒冰鎮醉蝦來說，不得不好好讚揚一番。「我們的醉蝦，是把熟白蝦用老酒泡三十個小時，用家鄉的作法，讓蝦保持彈性、但一樣能讓老酒入味，一上桌，大家真的是一尾接一尾，一口接一口。」枕戈待旦的每一道菜，都非常花功夫，Nick說，每個步驟、每種食材都是傳統作法，沒有用什麼化學添加、過度調味，因為這些都是馬祖的家常菜。

紅糟調味，養生又美味

在馬祖要釀一罈會回甘的老酒，要用糯米跟紅麴下去發酵，而酒釀好之後，發酵剩下的就是酒糟也就是紅糟，當然不能浪費，尤其在那個沒有醬油的年代，紅糟就成了馬祖人重要的調味品，它不但有濃濃的酒香，裡頭的成份還能養生，所以它成了當年馬祖人，不可缺少的調味料兼補品。

「紅糟在馬祖幾乎到處都看得到，而酒糟主要是拿來補身體，因為它可以

讓氣血循環變好，而紅糖也是馬祖少不了的調味料，不論是炒飯、做成紅糖雞，還是紅糖鰻魚都相當美味！」而酒糟料理中，很多老饕點名的是這一道乾炒酒糟雞。油鍋裡放蒜末，再用酒糟以及老酒爆香，要下鍋的仿土雞肉也有學問，是用紅麴浸泡二十四小時，讓仿土雞肉完全入味。大廚翁旭壽說：「這仿土雞肉已經很有味道了，等到湯汁收乾，就能夠聞到香氣了。」

吃馬祖美食，配當地故事

馬祖的主食不是麵、不是飯，吃的是繼光餅，也就是「馬祖貝果」，相傳是將軍戚繼光想出來的，為了讓行軍的士兵不會缺糧草，所以研究出方便攜帶的繼光餅，繼光餅中間有一個洞，可以串成一串掛在身上，方便食用。而枕戈待旦的繼光餅，是馬祖當地知名老店製作，送來台灣之後會再回鍋油炸，不但麵團扎實、還多了一股油香。

「我們的客群，馬祖人佔一成、鄰居佔一成，老兵跟福州人佔了八成，因為很多人就愛來回味，馬祖那種道地的福州料理。」上門的客人，都能感受到Nick的熱情，他雖然年紀輕，但真的是「馬祖達人」，每一道馬祖菜、每個馬祖景點，他都能說出一段故事，用故事包裝美食、用料理說故事，因為有特色，也讓枕戈待旦受到許多老饕喜愛。

以酒釀菜的濃濃馬祖味

這一道野生烏魚子佐東湧陳高，令我印象很深刻！他們用的是馬祖的野生烏魚子，再用東湧陳高泡一個小時之後乾燒。吃到最後，老闆也會推薦這

一道桌邊料理，他親自掌廚，在餐桌旁，用大火鎖住水份，讓烏魚子外酥彈牙。熊熊烈火乾燒烏魚子，光用看的就很過癮，而飄出來的香氣，真的會讓每一桌都忍不住點來嘗嘗，噱頭十足，這也是老闆的創意發想。

　　甜點超推的是香Q黃金餃，這可是台灣本島從未嘗過的美味。用馬祖當地的蔥末、芝麻、花生、砂糖等顆粒入餡，經過油炸之後上桌！吃進嘴裡香香QQ、口感彈牙相當美味，就像用餃子皮，包入花生、芝麻，但更Q彈，再加上有蔥末點綴，真的是一道令人難以忘懷的甜點呢！

　　標榜馬祖美食台灣也能吃的到，年紀輕輕的老闆，每天都從外島空運海鮮食材來台，要讓大家吃到原汁原味的家鄉味，因為這些味道是從小到大的記憶，也是馬祖人的生活智慧！枕戈待旦從前菜一直到甜點，全部都有濃濃的馬祖味，Nick強調，他真的很想讓大家都嘗嘗，這種以酒釀菜的海味記憶！

香聚鍋

百年鑄鐵鍋，成就鮮甜湯頭

🏠 台北市大安區敦化南路
二段265巷7號1樓

📞（02）2738-2258

♨ 11:30～22:00

💲 午餐380～680元
晚餐580～1080元
（加收一成服務費）

坊間許多火鍋店湯頭，都用高湯粉製成，吃起來香，但可能也吃進一堆化學物質，所以湯頭怎麼製成的，我一定打破砂鍋問到底。香聚鍋就很符合我的期待，不但食材新鮮，湯頭更沒有任何化學調味料，而是用蔬菜、昆布熬煮而成，就連鐵鍋的選擇也十分講究。

找回食材的原始美味

　　位於敦化南路上的「香聚鍋」，老闆娘陳珍妮在餐飲界待了大半輩子，更在北京待了十年，是台灣台菜龍頭在北京的總經理，每天招呼金字塔頂端的族群，所以對於餐飲尤其挑剔。她認為火鍋最能吃到食材最原始的味道，然而吃遍台灣跟北京的火鍋，她只覺得：「現在坊間吃的到的火鍋，口欲太重了，太重視調味，讓高檔食材全都被重口味覆蓋，尋不回食材該有的原始口感。」

　　因為這樣，珍妮興起了開火鍋店的念頭。她認為火鍋好壞在於湯頭，而她的火鍋湯頭走的是復古風。「就是一種很簡單的味道、猶如媽媽的味道，沒有過多的調味，只有用新鮮食材，熬煮出的單純風味，就像媽媽為了全家熬湯的心意。」

　　要熬出媽媽的心意，概念簡單，但過程可不容易！這裡用蘋果、洋蔥、甘蔗頭熬煮湯底；整顆進口的蘋果，對切不削皮，保留果皮的香氣，洋蔥也是一整顆下鍋，絕對真材實料。熬煮三小時後，再用日本昆布跟柴魚提味。「我們用精挑

火鍋有一種魅力,就是一年四季都能很對味,冬天吃暖呼呼的火鍋,暖心也暖胃,而夏天在冷氣房嗑火鍋,更是過癮。

細選的昆布跟柴魚提味,因為只是提味,所以煮上三十分鐘就可以起鍋,而昆布跟柴魚絕對不重複使用。」

日本鐵鍋更增鮮甜,招牌辣鍋溫順入喉

店內連鐵鍋都很講究,採用日本岩手縣生產的鑄鐵鍋,這可是珍妮遠赴日本親自挑選的。「日本這個百年企業生產的鑄鐵鍋,重量平均是三點三公斤,價格比一般火鍋店的鍋子,高出五到十倍。因為鑄鐵鍋會釋放鐵離子,所以湯頭會覺得特別鮮甜。」

而說起店內招牌湯頭「聚寶辣鍋」,珍妮更是自豪:「現在坊間很多麻辣鍋吃完之後,會覺得口乾舌燥,所以我想要很好入喉的麻辣湯頭,喝下肚覺

得很溫順，不會覺得太燥熱，所以我們的聚寶辣鍋就在這樣的概念下誕生。」

聚寶辣鍋的湯頭，是用蔬菜昆鍋為底，辣要恰到好處，珍妮用十種辛香料乾炒「四個小時」，才成就了聚寶辣鍋的美味。老闆：「辣椒是新鮮的朝天椒、大辣椒、糯米椒以及香菜等食材總共有十種，然後才去乾炒，不用辣油、也不用花椒等乾貨，這樣才不會覺得太燥熱、很好入口。」備好的辛香料絕對不是就這樣上桌，他們的聚寶辣鍋採取現點現做，有客人點菜，才跟蔬菜昆鍋調和，辣度都可以依各人喜好而加減，不是一鍋到底的口感，讓客人讚不絕口。

要求食材「尚蓋青」

陳珍妮：「我幾乎每天清晨，都會到漁貨市場親自採購，因為魚販自己送上門的魚種，大小不一，輕重不定，品質無法保證。所以我會到中央魚市、竹尾魚市等地方採購，同一種類的魚，會要求重量、大小一致。」強調每一種魚都有完美的斤兩因為對她來說，規格化才能有好品質。「我一定會採購台灣的深海魚，因為台灣四面環海、海鮮種類多、品質高，我希望讓上門的客人，不論是台灣人

還是觀光客，都能知道台灣魚有多美味。」不同的魚用在不同的菜單上，有的是涮魚肉使用，有的則是用在店內的招牌一夜干。

招牌一夜干，上門捧場的饕客必點，因為就掛在店裡，相當搶眼。「我們的深海午仔魚，整尾買回來自己處理，醬料很簡單，就是只噴灑上薄鹽，這樣味道不會太重，能吃到整尾魚的肉質。我們撒上薄鹽之後再曬，而一般坊間的餐廳，都是買醃漬冷凍過的一夜干，等客人點餐之後再解凍，那個口感差很多。」而要涮的魚盤，則是一整尾的「深海長尾鳥」，也有頂級的石狗公「獅瓮」，整條魚上桌涮，總令人驚呼連連。會用這樣的深海魚來當鮮魚盤，主要是因為深海魚在二千公尺以下，游得很慢，所以油脂夠厚，味道也夠鮮美，令人一口接一口。

美味至上！PRIME牛排當火鍋片

新鮮的肉品，也是很多老饕上門的原因。火鍋的牛肉，用的是美國牛肉最高等級的PRIME，這當然也跟珍妮姐在餐飲中打滾數十年有關係。「我之前在肉品進口代理商當過業務，我知道什麼樣的肉最頂級，最受歡迎、怎麼吃最好吃，所以我也把這樣的專業，用在我們的肉品上。」一般火鍋都用薄肉片，但珍妮姐認為一定要有一定的厚度，才能吃到美國牛的真實口感。所以這裡的無骨牛小排

肉盤，二百四十公克，全是厚切〇點二五公厘的厚片，真的是市面上少見。

　　豬肉盤用的則是匈牙利松阪豬、加拿大的梅花豬。為什麼不用台灣的溫體豬呢？珍妮也是試了又試，完全不考慮成本，只考慮口感。「台灣的溫體豬，用炒的比較好吃，但如果拿來涮，會有一種豬腥味，所以從國外進口。」

　　香聚鍋雖然是火鍋為主，但店內也有不少的創意菜、還有串燒，一樣都是用最新鮮的食材製作，以牛肉捲來說，美國牛的CHOICE等級、烤魚則是選用深海石狗公，相當肥美、肉質也很細緻，其中，七里香在處理過程，也很「厚工」，這裡就不方便提了，因為是店家的獨家手法囉！因為有特殊處理，所以不會有太重的腥味，這也是香聚鍋引以為傲的招牌。

台北市松山區南京東路
五段318號

（02）2748-6931

11:00～14:30
17:30～22:00

葷食分為兩種價位
每鍋320／420元
素食每鍋330元

櫻之田野
養生野菜鍋

蓮花火鍋，綻放出聽障者的創業夢想

一聽到店內招牌是「蓮花火鍋」，很多人都有
一堆問號浮上腦袋，是真的蓮花嗎？蓮花能吃
嗎？讓人驚喜的是：不但能吃，而且很好吃！
豐富的膠原蛋白更讓愛美的人趨之若鶩。而最
讓人讚嘆的，則是老闆呂佳勳的創業歷程。

聽障青年新創業，全家動員助圓夢

　　我們到店內的時間，大約早上十點，老闆呂佳勳正在開箱整理蓮花。他忙裡忙外，一下用手語、一下用唇語，交待廚房員工怎麼整理食材，也提醒大家，待會兒會有好幾桌的預約客人上門。真的很有老闆的架勢！

　　很多人都不敢相信，身為聽障者的呂佳勳究竟怎麼創業？尤其是需要不斷跟人溝通的服務業！剛開店時，幾乎全家總動員，媽媽全年無休，妹妹跟爸爸有空也來幫忙，連老婆也被他的熱情感染，辭掉工作，一頭栽進他的火鍋世界。全家動起來，因為大家一開始都很擔心佳勳，害怕他無法勝任老闆一職，但事實證明，擔心是多餘的。

　　我們到訪的這一天，佳勳老神在在，反倒是老闆的娘「呂媽媽」很擔心。她說：「天下的媽媽都是

源於花蓮的「櫻の田野」，是陳櫻美女士所創，講求養生健康，原本賣的是合菜火鍋，但佳勳改以小火鍋的模式經營。呂媽媽說，陳女士一開始聽到是聽障者要求加盟，非常擔心，但佳勳的誠意讓她感動，決定讓佳勳嘗試。

一樣的啦！一定會擔心的，尤其是剛開店的時候。但他其實很喜歡跟人溝通，也願意溝通。」

靠著細心讀唇語，擄獲顧客的心

我們點了一個招牌的蓮花火鍋，老闆親自服務，看著他熟練地將含苞待放的蓮花放入鍋中，花瓣馬上綻放笑顏，露出鮮豔的花蕊。大家看得驚呼連連：「好漂亮啊、好特別啊！真的開花了耶！」我們也不例外，不斷拍照，笑得開懷。

呂佳勳：「花開了，祝你們花開富貴。」雖然說得不是很清楚，但是我們聽見了，也開心的收下這個祝福。其實當下心裡很佩服，佩服著佳勳喜歡與人溝通的勇氣，因為就算是一般人，也不見得能夠開店當老闆；而佳勳不怕跟人互動、溝通，更能細心觀察，透過讀唇，注意客戶們是不是有什麼需求？

像是店內的蓮花有紫色跟粉紅色兩種，當天就有顧客小聲地說：「粉紅色比較漂亮！」佳勳雖然沒有「聽見」，卻靠著讀唇「看見」了顧客的需求，隨即請員工去詢問這名顧客是否需要幫她換一朵粉色的花。這正是佳勳一直以來秉持的

信念：雖然聽不見，但只要用心，一樣會讓顧客覺得很窩心。

職涯積極摸索，找尋創業契機

就這樣靠著唇語跟敏銳的觀察，仔細了解顧客需求，呂媽媽發現，佳勳大小事情都能一手包辦，慢慢適應了「老闆」的身分。「小時候會要求他跟妹妹一樣，該念書時候念書、要聽話的時候聽話，對他沒有差別待遇。我會告訴他，他聽不見，但可以讀唇，一樣也能搞懂別人話裡的意思，所以他的讀唇能力很好，能靠唇語知道客人的需求。」

佳勳畢業於東海大學，曾在房仲公司、光陽機車擔任資訊管理工程師，但他覺得這不是自己的興趣，希望尋求其他發展。二〇〇八年台北聽奧期間，他終於能一展長才，在籌備委員會中擔任聽障奧運「聲文化展演活動」執行長。他在這裡學到很多與人溝通與活動統籌的機會，但隨著聽奧落幕，他也得重新開始找工作。

呂媽媽：「聽奧落幕之後，不知道是不是太累了，他病倒了。病癒後他跟我說，他想創業開餐廳。當時想說，健康真的很重要；要健康，吃進肚的食品安全

更得把關，所以我們就加盟了花蓮的火鍋店，這家店是我們之前去花蓮東華大學看佳勳時，常常吃的合菜火鍋店。佳勳很喜歡，所以我們就開始商量加盟的事宜，改成小火鍋。」

自助而後助人，為聽障同胞開另一扇窗

　　佳勳談妥加盟之後，搬出了自己的存款，加上家人資助，總共集資二百萬元，打造了自己的火鍋店，特別的是，他們還僱用了三到五位的聽障員工。呂佳勳覺得自己是過來人，只有他知道聽障者的苦，所以他決定要用聽障者。「聽障者求職常常碰壁，我知道聽不到，在外面找工作很不方便，所以我希望能夠提供機會，自助而後助人。」聽障者一般不會在外場與人溝通，但他希望提供機會，讓聽障朋友不只做按摩工作，或躲在廚房。呂媽媽：「我們有個員工，來這之前一直找不到喜歡的工作，過得很不開心，也不愛出門；但現在他喜歡上班，也樂意跟家人分享工作上遇到的喜怒哀樂，我想這就是佳勳想創業的原因吧！」

　　當然，聽障者因為聽不到，有時難免沒注意到顧客的呼叫，讓人覺得服務態度不佳。為了改善這種狀況，佳勳用紅衣跟黑衣來幫顧客區分。店內張貼著告示：「本店善盡企業責任，聘用聽障青年（黑衣）與聽人青年（紅衣），一起提

供服務，如有服務不週，請多多包涵。」顧客們知道原來有這樣的區別後，不但大力相挺，也為佳勳的用心而感動，因為他不只提供聽障者工作機會，更重要的是，讓他們多了跟社會互動溝通的可能。

野菜直送最新鮮，用心建立好口碑

佳勳對員工照顧，對顧客也很用心，這裡許多野菜真的是台北吃不到的，像是馬齒莧、蘿蔓、野茼蒿、名菊、龍葵，一天都會有五到七種的野菜免費提供。「每兩天都會從花蓮送來新鮮的野菜，就算是颱風季節，菜價高漲，我們一樣是讓大家野菜吃到飽，湯頭絕對不是人工調味粉的化學火鍋，我們是用蔬菜去熬的，所以味道甘甜，會讓大家覺得吃起來很健康。」

現在事業有成，他最感謝的是家人沒有潑冷水，極力相挺，當初每個人都是門外漢，但現在個個都變成內行人。回想剛開店，佳勳說他每天工作超過十二個小時，不到一個月，整個人瘦了好幾圈，但他還是拚過來了，對他而言，天下無難事，只怕有心人。「不要因為聽不到就鑽牛角尖，不要怕麻煩，重複做重複做，就一定可以做好！」這段話從佳勳口裡說出來，格外有說服力。

絕對不偷工減料、不管野菜多貴、運費漲多兇、他一樣從花蓮直送絕不偷懶，所以慢慢累積好口碑，業績也蒸蒸日上。個性樂觀的佳勳，從來不覺得自己是弱勢，他覺得成功與否，操之在己。雖然在餐廳，他聽不到顧客的聲音，但顧客卻能感受到他用心的與人互動與經營，很多顧客都說，只要用心，有時「無聲勝有聲」！

手球國手的咖啡廳

麗café

台北市內湖區內湖路一
段437巷9號1樓

（02）8752-5677

11:00～21:00
（週一公休）

$ 早午餐每客250元，主
廚套餐每客250～380
元，飲品120～250元

這家「麗咖啡」實在太有趣了，對很多婆婆媽媽來說，可說是「小鮮肉咖啡廳」啊！因為裡面的老闆兼店員，通通都是二十四歲左右的大男孩，還都是手球國手。怎麼手球國手會開咖啡廳呢？頭頂冒出許多問號了吧？且聽我娓娓道來！

國手創業，更有噱頭

　　進門之前的大海報，很多人會忍不住多看幾眼，因為生意最好的週六、日，這家咖啡廳竟然不做生意！仔細一瞧，上頭寫著「八月到十月，每逢週六與週日暫不營業，我們要集訓準備全國運動會喔～」。

　　「有人看到外面的海報，就覺得太有趣了，所以特別來看看到底手球國手長什麼樣？很多人進來之後，就會被我們的身高嚇到，然後就會跟我們聊天，聽到我們的故事，他們都會很贊同，結果就變成常客。」麗café的莊季軒說。

　　原來這些國手還是現役的手球國手，這六個大男生，分別是趙顯章（芭樂）、林學勤（R萬）、李天威（阿威）、莊季軒（小G）、蕭年成、孫晟鈞，畢業之後、服完兵役，就面臨要養活自己的難題，所以他們決定創業。

手球國手的咖啡經

　　一進門，這六個大男生，真的相當吸引目光，平均身高一八五公分，每個都是陽光暖男，連笑容也很陽光。「如果不常喝咖啡，可以試試我們的曼巴咖啡它是曼特寧跟巴西咖啡豆，很順口不會苦澀、還會回甘。」在阿威的細心介紹

從挑選咖啡豆、烘焙到自己煮咖啡，這些都是跟咖啡達人學了好幾個月的技藝，別看他們每個人斯斯文文，在球場上他們可是奮勇殺敵的好手啊！

之下，我點了他們的單品咖啡，味道真的如他們所提，相當美味，不過美味咖啡到處喝的到，但特別的他們用自己的故事包裝咖啡。

下午客人不多的話，就會遇到他們在桌邊服務，這六個大男生，嘴上聊著拜師學來的咖啡經，手腳卻一點也不馬虎。如果不是親眼所見，真的很難想像，這一杯杯濃醇的咖啡，是眼前的這群大男生自己從頭到尾自己一手包。

思考退路，自己找路

身高一九六公分的芭樂，是中華隊的主砲，對日本一役，獨得十二分，打出主力砲手的價值，而其它的選手，腰間繫著圍裙，腳下穿的卻是球鞋，因為他們也都是中華隊的一員。他們幾人都是打手球結緣，從國中打到大學，一晃眼認識十四年，因為念的是麗山國中，所以他們把自己的咖啡廳取名為「麗」咖啡。

他們或畢業於台大，或畢業於體院，不只會打球也會念書，每位在球場上的表現都令人驚豔，只是這些球場上的好手怎麼會來賣咖啡呢？R萬：「我們打手球打了十四年，但是服完兵役，出社會之後發現，我們的謀生經驗，幾乎趨近於零，又不像歐洲有職業隊，可以把手球當飯吃。在台灣靠手球生活，可能三餐都要餓肚子！」

要認真找份工作實有難度，因為穩定的工作，往往代表得放棄手球；而全心投入手球，光靠比賽獎金卻也很難糊口。芭樂：「對我們來說，很難找到工作跟打球兼顧的工作，因為一有國際賽，我們就要參加集訓，很難跟老闆說『可以放我幾個月假

嗎?我要參加集訓,因為我要代表中華隊比賽」不過這麼說應該沒有老闆會願意吧?」

在國外手球選手可以打球打到三十幾歲,而三十歲是表現最成熟的年紀,但這些選手,如果想要一份穩定的工作,就得放棄中華隊國手的職務,不想放棄又要為五斗米折腰,所以他們想到:只有自行創業,才能一兼二顧。

比賽獎金變創業基金

開一間咖啡廳其實也不容易,尤其這些大男孩從小以打球為業,根本就是「遠庖廚」到一個不行,要他們進廚房料理、細心為大家服務,跟擊敗對手一樣,是一大挑戰啊。不過,他們從小到大,吃苦耐勞,什麼大風大浪沒見過,所以他們決定把從小到大的比賽獎金,通通拿出來變成創業基金。

阿威:「如果水流忽大忽小,咖啡萃取的穩定度就會低,咖啡就會呈現苦澀。」芭樂:「咖啡豆來了之後,我們會先挑選,把不好的咖啡豆淘汰,這樣的咖啡才會好喝。」他們相當細心,店內也有販售咖啡豆,但他們會希望顧客不要一次帶回家,可以分次帶才新鮮。R萬:「我們會希望顧客分批拿,就是有烘焙

的時候，再打電話請他們來取貨，這樣的咖啡，就會特別好喝。」

　　每個人就像是咖啡達人，因為光是學怎麼沖泡好咖啡，就學了快半年，他們先跟老師學習咖啡種類、特性、怎麼煮咖啡，再學怎麼挑食材做料理，店內從手工製作的甜點、到掛耳咖啡的包裝，全部都是自己DIY，為了討生活，也讓他們的咖啡廳，就此誕生。

體育選手的專業堅持

　　他們現在積極的考證照，就像他們打球一樣，要做一定要做到最好。店內的單品咖啡，有的相當頂級，像是「阿里山」、「藝妓」都是高單價的咖啡，但是在店內，二百五十元就能喝的到，最低一百二十元就能品嘗美味咖啡。阿威：「我們這裡是社區型的咖啡廳，會希望附近居民能夠有個悠閒午后，所以單價並沒有訂的太高，否則像是一些高單價的咖啡，外面一杯至少五百元以上。」

　　R萬：「做餐點其實還蠻難的，鹽到底要放多少？怎麼煮才能加快速度，原來這些都是功夫，我覺得其實做餐，對我們來說也是一大挑戰！」為了讓口感一致化，他們做餐像打球一樣也有SOP，不能憑感覺烹調，因為味道每回都不一樣，所以他們決定要有戰術！他們特別從德國引進一台蒸氣烤箱，牛排、雞腿烤幾分鐘最好吃、怎麼烤、配菜怎麼搭？只要有完整的SOP，就不怕走味。

　　餐點最重要的祕訣之一，就是食材要新鮮，所以在大家的堅持之下，這些大男生，每天都要自己到濱江市場走一遭。R萬：「因為講求食材新鮮，所以我

們的利潤真的很低，不過，自己去市場一趟，就能跟菜販混熟，這樣一來，就能拿到新鮮貨，雖然可以直接請中盤商，幫忙送貨到府，輕鬆很多，但是卻無法確保品質。」

圓夢之旅，從糊口到公益

　　他們現在是以填飽肚子為主，但之後希望也能用賺來的錢做公益。芭樂：「我們希望未來有盈餘，能夠捐給學校，當作運動基金，希望也能盡我們自己的一份心力，去幫助別人。」除了期盼有盈餘能做公益，如果開分店，他們也希望能夠讓手球的學弟們，有份工作，讓他們能夠繼續打球、也能養活自己。

　　不怕苦、不怕難，讓他們的創業之路，愈來愈穩健，而打手球的培養出的團體精神，也為創業之路加分不少，不計較誰做多、誰做得少，最重要的是齊心合力共同圓夢。台灣運動員之路，相當艱辛，荊棘滿佈，但幾名大男孩選擇踏出舒適圈找到另一片天。

田中芳園

無菜單的無國界料理

🏠 新北市金山區清水路53號

📞（02）2498-2385

☕ 11:30～21:00

💲 採預約制，葷食套餐每位
1260元，素食套餐每位
780元（加收一成服務費）

有些店會讓人覺得很寧靜、很溫馨，田中芳園
就是一間這樣的店。佔地六萬坪，光在戶外走
走逛逛，就覺得很享受。老闆跟老闆娘，把庭
園打造成日式田園風，讓大家可以在世外桃源
中，享受涼風輕吹、感受山嵐、雲海之美，而
他們兩夫妻，對料理的要求與堅持，也是餐廳
座無虛席的原因之一。

返鄉盡孝，用心呈現爸爸種的菜

　　田中芳園的養生料理，並不是清清淡淡沒有味道，而是要求不加任何人工香料，希望讓來訪的老饕，都能吃到食物原味。老闆娘郭麗惠：「我爸爸自己種野菜、地瓜、竹筍等等，這些會是我們無菜單料理的食材，我們也會用在地農民種植的新鮮蔬果，還有漁民當日現撈的海鮮，當我們美味菜單的來源。」

　　每一道上桌的菜色，不論是器皿的使用、擺盤的設計、還是盤飾的裝點，都可以看到店家的用心，這全是老闆娘郭麗惠的要求。原本是精品店老闆娘的郭麗惠很時尚，不論妝感或服飾都很講究；為了照顧生病的媽媽，她放棄光鮮亮麗的生活，選擇回到金山。「那時候媽媽生病，我們就決定在金山開餐廳，可以就近照顧媽媽，沒想到餐廳還沒開業，媽媽就病逝了。」子欲養而親不待，這種椎心之痛，讓她難以承受，現在家中只剩爸爸一個人，所以她決定留在金山，好好陪伴八十幾歲的老父親。

　　對郭麗惠來說，開餐廳除了圓夢，最讓她樂不可支的，是爸爸重拾鋤頭，幫他們種菜。原本郭爸爸只種地瓜，但是餐廳開業之後，他開始種植綠竹筍、野菜、過貓、南瓜、蘿蔔。「他就會說你們要什麼跟我講，我來種，本來擔心他

門口有一些香草、荷蘭草等香料是他們自己種植，老闆希望讓大家在食安風暴下可以吃的心安，端上桌的菜餚，也都是用安心小農的食材。不管是那一道菜，共同的特色，都是用當地食材，絕對不過度添加。

會很辛苦，但後來發現他樂在其中。」而父親辛苦種植的食材，絕對不能隨便就上桌，就是這樣的想法，讓他們堅持把食材中本來的美好風味，發揮到極致。

食材魔術師，讓金山美味發光

郭麗惠主外，負責餐廳外場工作，而研發菜單、料理烹調，就教給丈夫許添尊，以及有餐飲背景的兒子。老闆許添尊是軍人退役，為了開餐廳，他積極參加各種職訓班，不論是中式、日式料理，還是西式餐點，通通難不倒他，因為他對食物有著無比熱情；對在地人來說，他更像是食材魔術師。許添尊：「記得剛來金山的時候，是我要拜託漁民，『可以把好的海鮮留給我嗎？』後來這些漁民知道，我很努力地讓大家知道金山的食材有多美味，所以最後變成漁民有好的漁獲，都會來賣給我。」而我們當天吃進肚的清甜海白蝦，就是漁民一早現抓的新鮮貨。

「我們不是賣高檔海鮮，因為高檔海鮮，台北很多餐廳有賣，我們希望讓大家吃到的是在地料理。」他們希望餐點口感豐富、多層次，所以每一道菜，都像法國菜，從烹調手法、醬汁處理、配料選擇一直到盛盤上桌，完全不馬虎。

無國界料理，發揚在地風味

有道石斑魚料理讓我印象深刻，因為他們把石斑魚肉，包在炸脆的腐皮裡，配上自己種植的荷蘭草，淋上泰式酸甜醬，無國界的料理方式，讓這道餐點酸酸甜甜別有風味。

「常會覺得現在外面餐廳的菜,有的味精加太重了,我希望讓大家可以吃到我們小時候的味道,就是很原始,有那種媽媽的味道,所以寧願花時間去熬煮、用蔬果自製醬汁,也不希望讓大家吃一些化學添加、或是不健康的高湯粉製品,而且我希望配合時令,研發菜單,只要有當令食材出產,就會激發我的研發潛能。」

　　「何首烏雞湯」、「小羔羊肉爐」是他們的招牌湯品,何首烏雞湯是用十幾種中藥材熬煮,完全不用味精,喝起來相當清甜。而蒸蛋這種家常菜,也很與眾不同,因為他們用自己熬製的蔬菜高湯蒸蛋,而不用其它市售的高湯粉來唬弄;另外,白果、軟絲等內餡十分新鮮,又用自家種植的百里香草提味,入口即化的口感,真的是難以言喻的美味。

　　在他們苦心經營之下,餐廳慢慢打開知名度,他們希望藉此帶動金山觀光,因為他們期盼,金山的好味,可以受到大家青睞,而金山的天藍、金山的美,能被大家看到。

French Windows

六星級歐式茶館，高CP值的奢華饗宴

🏠 台北市信義區忠孝東路
5段31巷18弄3號

📞（02）2766-9663

☕ 12:00～17:00
18:00～22:00

💲 英式蜜糖斯康鬆餅390
元、八倍法式松露燉飯
980元、灰醬香料培根
蔬菜義大利麵420元

在車水馬龍的台北轉運站，許多人踩踏著急促的步伐低頭前行，在這樣的氣氛下，駐足仰望天空那一抹藍絕對是奢侈的行為。但僅一條忠孝東路之隔，對街巷子裡Twinings的伯爵茶香，濃郁地在空氣中氤氳；紅茶的溫潤中，那一屢佛手柑的香氣纖巧精緻地舒緩了街外的繁忙，讓人對French Windows的初體驗有了最華麗的想像！

移植京港高級會所，帥氣老闆台灣圓夢

　　玻璃冰塊燈折射的光影炫麗交錯，透過法式落地窗框毫無保留的向外展示歐式茶館的城堡風情；黃銅鑄鐵的花式小隔間，釋放路易王朝時的浪漫主義，不難在第一眼就對茶館的名字French Windows了然於心，彷彿走進這門窗就打開了潘朵拉的盒子，而茶館的主人，才三十歲的李珅旭就是魔法師了。

　　十六歲打工賺進第一桶金，隻身在北京名校學銀行管理，卻進入農牧業公司實習，陰錯陽差在北京最熱鬧的酒吧區——什剎海旁，負責管理兩家私人招待所。緊鄰著保存完整的恭親王府、醇親王府，不遠處還有宋慶齡故居，這獨特環境讓他的兩套四合院成了胡同區頗有名氣的據點，主打「每季換菜，頂級食材，服務到位」，以會員制打造尊寵感，後來更到香港展店。三十歲這一年，李珅旭帶著北京以及香港的經驗返鄉，選定有「台北曼哈頓」之稱的信義區，在French Windows實現開餐廳的夢想。

　　當時正值食安風暴，食不安心下危機入市，對李珅旭來說，危機更是轉機，因為他想做的，是最基本卻也是現代人最渴望的——讓人敢吃、愛吃的美味料理；過敏體質的他，從人人驚恐的油開始把關。坊間一桶油約六百八十元，如果

李珅旭自言在食材上已挑剔到龜毛的程度。不僅果醬自己做，飲用水也是電影《穿著PRADA的惡魔》裡，惡魔主管米蘭達的指定用水——S.Pellegrino頂級氣泡水。

用回收油還可以回收四百元，在高價差前，他沒有妥協，而對於料理，李珅旭的原則更是用料絕不手軟！

杜蘭小麥製麵 × 八倍松露燉飯

「灰醬培根蔬菜義大利麵」是店內的招牌，每一項用料都是來頭不小，麵就是用頂級進口義大利杜蘭小麥粉做的，被譽為是植物界雞蛋的杜蘭小麥，製成的義大利麵Q彈還帶點微鹹，和鮮乳鮮奶油加上東方辛香料一起燉煮到醬汁幾乎完全收乾，這作法是為了完全突顯義大利麵本身天然不多修飾的口感，而起鍋後鋪上與畜農契作的培根，一隻豬的豬肋條只取肥瘦適中的三分之一使用，最後再灑上滿滿的綠花椰菜末以及打上一顆生蛋黃（呵呵現在有禽流感，可以免了），當蛋液滑落，培根的瘦肉被滋潤，五花香氣裡咬出蔬菜的爽口，搭配滑潤的杜蘭義大利麵，真是人間美味。

而「八倍黑鑽松露燉飯」是傳說中藝人都愛的一道餐點，黑松露已經不得了了，還要八倍？一點都不假喔，這是經過反覆測試，黑松露搭配鮮美小章魚及鰻魚做醬料時，松露的比例提高八倍時，最能彰顯黑松露獨特濃郁的香氣。主廚還挑選了台灣、越南和柬埔寨的米綜合，以鮮奶熬製成燉飯，入味後的米粒時而Q彈時而軟黏讓高檔的黑松露有了最多層次的展演，放送舌尖的感動。

會員制、專車接送，平價六星級

作為歐式茶館，French Windows只選用英國皇室認證的Twinings唐寧茶以及Jackson of Piccadilly

的公平交易茶。唐寧茶將東茶之美引進西方，碰撞出日不落的豐富口味，這裡就可嘗到六十多種，在台灣可說是屬一屬二。

搭配的甜點當然也走英倫風，首推「英式蜜糖司康鬆餅」，主廚說這是歷經揉、拌、發、煎、烘、爆等繁瑣的工序，外形像是甜甜圈，每一個的重量都是完美的二十七克，有鬆餅的香氣也有司康的咬勁，即使冷了也好吃，打造出一次一個停不下的原創新吃法，「光是試吃就胖了五公斤！」李珅旭說。

種種美食已經讓人難以忘懷，但更讓人難忘的是French Windows的服務品質。這裡的服務人員可都是百裡挑一，還要受訓一百八十天後才能服務客人。為確保服務品質，每位服務人員同時最多只能服務三桌客人，只要穿上紅色侍裙，就務必要讓每位客人有賓至如歸的感覺。

李珅旭更大膽地推行了台灣少見的付費會員制，甚至提供專車接送服務。儘管一張會員卡要價二千二百元，他自陳：「這是我對客人負責的動力，客人還沒消費就付錢了，要寵愛支持我們的顧客，就要更有誠意。」正是這樣的誠意，讓Frence Windows已經盤踞國內美食網路平台業者服務類第一名兩年之久，給予這間六星級茶館最高讚賞，這裡的料理CP值之高，是不是已經不只六星，讓人想給滿天星了呢？

🏠 台北市大安區杭州南路
　二段67號

📞（02）2395-1689

☕ 午餐11:30～14:00／
　下午茶15:00～17:00
　／晚餐18:00～22:00

💲 花蔬濃鹽醬烤雞腿排
　780元，牛高湯慢燉豬
　腱佐樂埔町手工酸菜、
　晚香玉筍880元
　（加收一成服務費）

樂埔町

日式宿舍裡的台灣好滋味

離開台北市最繁忙的信義路，走進節奏緩慢的
杭州南路，車子少些，人也不多，黑色木圍籬
裡一間儉樸的日式房舍印入眼簾，正符合盛夏
的街景；門是開著，探了探頭竟是間餐廳—樂
埔町，名字和建築很東洋，使用的食材很台
灣，不過料理形式卻很巴黎，是不是有點意思
了呢？

日式禪風庭院，優雅重生

　　這間建造於一九二〇年代的錦町日式官舍，戰後曾經提供給林務局官員使用，但是之後很長一段時間卻因為疏於管理，老屋逐漸隱沒在荒煙蔓草間，直到一個推動生活藝術的團隊進駐，老屋開始變身。

　　老屋的修復是一場和時間的賽跑，將近百年的屋子六成以上都已經嚴重傾倒毀損，木材構造蟲蛀腐爛，要修到煥然一新不難，難是難在要修舊如舊，團隊成員請出老師傅出馬！工序繁複的編竹夾泥牆、榫卯的搭接、屋頂的黑瓦甚至是窗櫺門框，堪用的盡量恢復原貌，在仔細考究史料後，文化團隊平衡了傳統建築的美感以及現代建築的強度，前後不僅花費兩千多萬，也耗費了一年半的時間，還給老屋青春的樣貌卻和時代感緊緊相連。

　　在屋瓦磚牆下，引人入勝的人文風情才是老屋重現風華的養分，年輕的團隊從景、食、藝三個構面下手；「景」日本庭園施工團隊箱根植木打造日本名園的枯木山水，再加上知名建築人王增榮老師的空間佈局，日式禪風和現代簡約組成

空間的最大公約數，無論是漫步其中或是優雅用餐，眼底每個角度都是風景。

精選在地食材，用心呈現好滋味

　　既是餐廳，「食」自然是重中之重，最重要的是在樂埔町終於吃到真正的食物，吃在地享當季，是現代人最遙遠的奢望卻在樂埔町實現。食材專家徐仲拿出看家本領，帶大家品嘗台灣最自然的風味；吃胡蘿蔔、香菇長大的豬沒聽過吧？在科技飼養概念下，台灣首度推出的胡蘿蔔豬和菇菇豬就在這裡登場。因為飼料沒有農藥殘留的問題，豬肉的肉質就是不一樣，每一口都是甜嫩香腴又多汁。

　　而在樂埔町嘗到的雞肉也大有來頭，第一隻符合國際育種標準的桂丁土雞，經由亞洲第一家土雞合格電宰廠的雲林凱馨，花了六年、培育至少七代的純正土雞，健康抗病力一等一，才能端上桌，口感皮薄肉嫩帶Q彈，完全沒有肉腥味。水產也不仰賴進口，漁港野生魚貨直送，或者是堅持高鹽分海水自然生態養殖不投藥的阿禾師蝦貝，吃得安心進而吃得健康吃得有品味，在禪風與現代交織的空間裏，昇華了食的境界。

法式慢饗，體驗四季皆樂食

　　對於現代人來說食這個課題，已經從務實的俗擱大碗，到現在要吃出食材精髓和精神，在樂埔町菜單就是要你徹底執行法式慢食。翻開手作菜單，一大本很

有手感，看得見七彩纖維的紙本，手工用縫線將美味緊緊串聯，像是午餐，從前菜小品開始，就讓人感動到不捨得狼吞虎嚥。

除了根莖蔬食每一樣都有身分證明，沒有農藥殘留，吃起來更能充分體會大地的饋贈；而一道豆腐更有翻山越嶺來的用心，每隔兩天從苗栗冷藏運送而來，苗栗輕甜山泉水搭配非基因改黃豆，店家以海水製程的鹽滷勾出黃豆與生俱來的甜味，那種入口瞬間沁脾的自然味，很像卡通小廚師一樣置身在山泉邊微風輕拂耳際……。依序來到主餐，無論是在鮮嫩節瓜襯托下的鹽烤雞腿排，或是用牛骨高湯慢燉入味的豬腱，亦或是日正當中，品嘗漁夫在大海拼搏後取得的野生鮮味，細緻的烹調層次分明，連一碗白飯都有學問！

細緻器皿，美食美景相輝映

輕輕解開用來保溫的花布，第一眼看到以陶土手工製成的土鍋──來自於日本銀峯的菊花炊飯鍋，直覺是一個應該擺在投射燈下的工藝美學，裡頭裝盛的也是一種職人的工藝，精選小農懷抱敬土情懷悉心照顧的好米，研究米與水的黃金比例，考究火候的快慢之間，採用炊悶的烹調法，當再掀起土鍋蓋時，已經是粒粒分明閃耀光芒的美味，也利用土鍋加熱速度快，保溫效果驚人，延長了米食的美麗景致！而餐後屏東歸來的牛蒡茶、柳營六甲田莊的小農鮮乳，融入茶點與飲品，更可見其處處用心。

慢食的尾聲，一旁藝術家的色彩圍巾，天藍旁一抹跳動的鮮黃，提醒著院子裡的陽光正耀眼，也許可以再次融入老屋的重生，用食、用藝、用景，記錄此時此刻的抒心自在。

不久前有文化團體高聲疾呼捍衛鹿港老街上的老屋，這些珍貴的歷史資產正以驚人的速度消失在我們的生活。因此當我走進樂埔町時，很驚豔這間已經快要百年的建築，還有著容光煥發的英姿！

🏠 台北市中山區復興北路
　　344號

📞 （02）2515-5445

☕ 16:30～03:00

💲 四熹精緻套餐1500元
　　（每人），美國頂級牛
　　小排套餐990元
　　（加收一成服務費）

四熹精緻火鍋

實在湯頭＋頂級食材，掀起火鍋新潮流

台灣火鍋市場規模高達百億元，是店家必爭之
地。但百家爭鳴下也地雷處處，尤其動不動就
喝下一鍋加湯粉的偽高湯，或者是黑心鴨血，
不禁讓人感嘆火鍋到處有，好鍋卻難尋。因
此，當自己愛吃鍋的主廚出手開店，打起扎實
熬湯的旗幟，敢說海味新鮮就像在海邊，這麼
誠心誠意就值得一試！

夜店般的裝潢，新鮮感十足

　　坐鎮四熹的主廚劉岳霖，是標準的六年級生，累積了川菜、江浙以及海鮮料理的豐富經驗，在廚藝登峰造極時，帶著一身好本領，想要再創新境界，這回投入自己愛吃的火鍋上。也許是對自己的廚藝和理念皆具信心，四熹有一種願者上鉤的氣質，不僅坐落在主流商圈之外，店面更是低調到稍不留神就錯過；但是劉岳霖說「進門後絕對新鮮感十足」，不論是陳設或是食材，絕對讓人驚豔。

　　沉穩的暗色系裡，三五好友在夜店一樣的吧檯上大啖火鍋，壁面上播放的竟然是球賽，只是這一回進球時的興奮不是配啤酒，而是配上熱湯，名副其實地暖胃也暖心啊！這樣的用餐經驗是一大新鮮；另一個則是進門後一整排透明水缸裡的海味，象鼻蚌到鮑魚，台灣龍蝦到北海道帝王蟹，全都在特別

四熹有大小包廂，設計本身也走低調隱密風，來這裡用餐，時不時也會發現有名人低調經過你的身邊。另一大特色就是調酒了，五彩繽紛的cocktail冰沙，在大夥火鍋吃開、話匣子大開之際，來上一杯，沁人心脾！原來店內高手如雲，真有專業調酒師加持，菜單上可沒有喔！

這裡的九孔也是活體海鮮，更別提干貝了，正要送入湯鍋時，主廚悠悠的說：「這其實也是日本料亭的等級，用燙的有些可惜。」這這這～～～，真是讓人吃到此生無怨尤！

引進的海水缸中活跳跳，這真的新鮮了，畢竟新鮮看得到，現撈的吸引力總是凡人無法擋。

二十四小時熬煮，豬骨化為膠質牛奶湯

拾級而下又是另一番風情，沒有人挨著人坐的擁擠，沒有球賽開打腎上腺素上升的張力，三四張方桌邊搭配的是柔軟溫暖的沙發座椅，一坐下精神放鬆脾胃開，招牌牛奶湯也已經在沸點被端上桌，服務人員立刻舀上一匙請客人品嘗原味。熱熱喝下一口，濃郁而不鹹膩，薄稠不會厚重，後段還有淡淡的輕甜，讓人忍不住再舀上一勺。事實上這一味牛奶湯真的不容易，因為這是主廚堅持的火鍋精神，用豬拳骨加豬背脂，以及各類蔬果，扎扎實實慢火熬煮二十四小時，煮到豬拳骨化入湯，骨髓和膠質以及天然脂肪翻滾成乳白色澤，翻滾出湯粉熬不出的火鍋底蘊。

饕客常說食材新鮮，加上不偷工減料地烹調就是美食的不二法則，這在四熹只是基本條件，因為主廚堅持加入牛奶湯鍋的食材各個也都必須經過主廚嚴選，超推薦愛吃肉肉的朋友來試試。

挑戰頂級市場，港邊海味＋M9和牛

這裡不僅有Prime等級牛小排，甚至還有市面上很少見、卻是頂級表徵的澳洲M9以及M7等級和牛。涮入湯鍋倒數五秒，牛小排油花分布均勻，油脂與肌理恰如其分的口感立刻融化減重的意志；而澳洲和牛那兼具和牛入口即化與安格斯牛牛肉味十足的完美搭配，一口就足以讓人回味三日！最重要的是這裡的肉片給得「啾感心」，不用擔心份量少

到連牙縫都塞不滿！

　　如果偏好海鮮，岳霖誇下海口，保證像在海港邊吃到的一樣新鮮，因為一進門的海水缸可不是裝飾。到訪這天，台灣野生龍蝦剛剛進貨，個頭雖不大，但新鮮到能直接以沙西米的方式，品嘗大自然最鮮甜的饋贈；而澎湖直送的野生大蛤蜊送入口時，大海的味道竄入身體的每個細胞，説不出的舒暢。

　　説起話有些靦腆的岳霖説，其實放心吃、安心吃本來就是很基本的，他只是想要提供一個平台，讓大家能知道自己吃的是什麼，而美不美味就靠他了。因此四熹的壓桌菜是有隱藏版的，這是岳霖的另一個展演舞台，跳脱火鍋的框架，傾注畢生功力端上川味炸肥腸、淮山牛腩筋等川味以及江浙風情，連一道口水雞都能讓人齒頰留香、吮指回味。

　　岳霖説開餐廳不是第一次，但是這一次不僅是他愛吃、想吃的火鍋，也是一次火鍋界的革命。真心熬上一天一夜的湯頭，以及職人般的選材，相信即使剛剛起步，也能成為饕客心中恆久的感動。

🏠 台北市光復南路180巷
　　11號

📞 (02) 2771-0910

☕ 週二到週五17:30～
　　23:00，週六、日
　　11:30～23:00
　　（週一公休）

💲 海鮮時價，盤餐、潛艇
　　堡310～380元
　　（加收一成服務費）

蝦老爹美式海鮮

道地加州風味，讓你大快朵頤

在舊金山漁人碼頭，大口大口吃海鮮的滋味，讓人無法忘懷；而台灣雖然以海鮮聞名，但是嗑海鮮的方法，跟美國還是很不一樣。沒想到現在在台灣，也能回味加州的豪邁吃法！

噴汁海鮮，塑膠袋裝上桌

「蝦老爹」The Shrimp Daddy走自由風，裝潢很簡單，首先映入眼簾的是老闆施振邦Parkson設計的LOGO塗鴉，風格很美式。整個餐廳最吸引目光的，除了開放式廚房之外，就是大大的洗手槽，讓民眾不用擔心雙手髒兮兮，還要排隊洗手。等待上菜之前，很多人也會覺得有趣又驚喜，不斷的看到民眾在自拍，因為店員會先送上圍兜兜，讓大家像小朋友一樣，可以吃得過癮，不用怕弄髒衣服。

「哈囉，這是我們的B套餐GOOD LIFE，我要幫你們倒出來嗎？」Parkson常常親自招呼，而一上菜，大家都會目不轉睛，因為用的是大塑膠袋上菜，就好像是市場採買一樣，不是用鍋碗瓢盆，著著實實的就是塑膠袋來著，而裡頭裝的是滿滿海鮮，各式海鮮倒入大鐵盤中，可以聽到每桌民眾驚呼連連，因為整盤海鮮上桌，超級澎湃，光看就覺得很過癮。「我們有阿拉斯加的帝王蟹腳、波士頓龍蝦、還有超大白蝦、淡菜、花枝各種海味，海鮮肉很飽滿，槌子一敲，還會爆漿、噴汁，雙手沾滿海味，很符合美國的感覺，這也是樂趣所在。」

木槌敲打，手抓海鮮過癮

　　每一桌都吃得很盡興，因為美式海鮮吃法超隨性，他們跟舊金山餐廳一樣，會準備木槌還有剪刀，讓顧客自己享受DIY樂趣。超大一隻的帝王蟹腳，先剪再敲，每桌都可以聽到很豪氣的敲擊聲；聲音再大也不用怕不好意思，就是要這樣吃才爽快。邊吃邊剝殼，整個餐桌好像被龍捲風掃過，雖然杯盤狼藉，但大家都一樣，所以不會有人投以異樣眼光，再喝點啤酒，許多顧客都說，大口吃美食真的是人生一大樂事。

　　海鮮也不是黑白燙燙就上桌，為了讓海鮮夠鮮美，Parkson特別讓我們到廚房觀摩，超大湯鍋裡頭，是甘甜美味的湯底。「我們用洋蔥、蘋果、高麗菜好幾種蔬菜水果去熬煮，再加上一些海鮮，所以這個汆燙用的湯底，真的是精華，它可以讓螃蟹、帝王蟹特別鮮甜。」帝王蟹腳下鍋幾分鐘最美味？螃蟹燙多久才不會過熟？每一種海鮮都有自己最完美的熟度，Parkson研究再研究，才讓他的海鮮人人誇！

回台創業，重現兒時美味

　　很多人都很好奇，這家店的老闆是什麼樣子？其實不難猜到，就是在美國出生的華裔，為什麼讓「蝦老爹」在台灣發光？Parkson是舊金山金州勇士隊的大粉絲，剛看完比賽的他很豪爽的說，會想要開餐廳，全是因為他超想念在舊

金山喝啤酒吃海鮮的日子。「以前在舊金山，我一個禮拜至少會到海鮮餐廳一趟，有時候就跟朋友在餐廳聊天看球賽、有時跟家人聚餐，很習慣這種聚餐模式，喝點啤酒、吃點海鮮很輕鬆、很有意思，又可以大吃大喝，但回台灣之後，發現有很多海鮮料理，但處理的方式比較精緻，不像在舊金山『礦味』十足，所以才有想要開業的念頭。」

在舊金山長大的Parkson，從事科技業十幾年，家人都在台灣，回來開海鮮餐廳之後，發現隔行如隔山，一開始光是研發醬料，就讓他吃盡苦頭，他整整花了三個月，天天跟醬汁為伍，不斷地更改配方、請教美國友人、上網查資料，皇天不負苦心人，終於創造出與眾不同的三種主廚特調，分別是「蝦老爹」daddy's shabang、「鮮榨檸檬」lemon zest、「大蒜奶油」garlic butter。

一進門看到每一桌都用大鐵盤裝海鮮，然後又雙手抓，吃完吮指回味，也沒人管你，我心裡OS：「沒錯！美國就是這個味。」

隨性美式氛圍，嘗過一次就欲罷不能

愛吃辣的人會選擇daddy's shabang，這是南美家庭常使用的香辣醬料，主要是使用紅椒粉，還有大量的辛香料調製的，有辣椒濃郁香氣很夠味、辣度可以依各人喜好做選擇，這也是店內的招牌，因為它跟海鮮超級對味，而鮮榨檸檬很清爽，不吃辣的人可以選擇這一味，喜歡重口味又不想吃辣的老饕，則是愛好大蒜奶油當醬料。

很美式的餐廳，也有很美式的促銷，每個星期四，是蝦老爹的墨西哥之夜，由墨西哥大廚掌廚，民眾可以用超划算的價格，吃到道地的墨西哥料理。不但美國人喜歡來這裡回味，也有一票台灣人愛上這裡的氛圍。

🏠 新北市三峽區中山路
　　118號

📞 （02）2674-3714

☕ 11:00～14:00
　　17:00～21:00
　　（週二公休）

💲 阿爸大三封420元
　　圓福燴海鮮280元

阿爸的客家菜

融入創意，傳統菜系更加美味健康

這些年幾部電影把台灣的傳統菜色用豐富的情感包裝搬上大螢幕，師字輩的老師傅穿插其中，重現當年總鋪師的實力。隨著時代改變，年輕大廚在客家菜現代化的大戲裡，也扮演起關鍵角色。在三峽一間不太起眼的客家餐館裡，人稱「阿全師」的郭敏昌年紀輕輕，就頗有電影裡老師傅的架勢。

美濃客庄囝仔，為客家菜開闢新舞台

　　來自紙傘的故鄉美濃，郭敏昌是個道道地地的客庄孩子，對於從小吃到大的客庄料理自然有一份濃厚的感情，即便北上打拼，不僅選擇落腳在客家二次移民的重要聚落三峽，當然開餐廳端上桌的也要是客家美味，簡單裝潢古色古香就像小時候的客家小村莊，大圓桌、牡丹花布、連一盞盞小燈也都用了客庄農忙時的斗笠做燈罩，層層疊疊出的客家味，可以讓三五好友來這裡感受懷舊的氛圍，也適合一家大小吃一吃古早味，不過阿全師有個堅持，客家菜不能只有傳承還要有創新。

　　郭敏昌學透台菜，也專精江浙菜，牆上滿滿的獎狀、獎杯，是他掌勺二十一年的足跡和見證。二〇〇八年，郭敏昌一舉奪下客家美食國際展總冠軍，從此成為客家美食比賽的常勝軍，這燃起了他

在台灣重要的菜系裡，客家菜獨樹一格，在那物資缺乏的年代裡，重油、重鹹、重香，只為下飯多吃一口、多儲存體力。而所謂「封肉」，正是客家人為了讓肉保存更久、味道更下飯的紅燒肉，重點是過程中不掀鍋蓋，要把五花肉悶封至軟爛。

發揚客家菜的熱情。他覺得如果客家菜只有堅持傳統味，就太小看客家食材了，所以他研發了許多新客家菜，讓每一回的出場都讓人驚豔。

半夜騎車直奔美濃，只為完美重現道地口味

　　「阿爸大三封」可以說是鎮店之寶，為了完美呈現，阿全師全心投入。「因為心裡有些步驟想不清楚也就睡不著，乾脆半夜三點多騎上摩托車，就這樣從台北殺到美濃，找了老師傅好好問清楚，來來回回好幾趟，這才做出心目中最單純的『封肉』。」想起這段往事，郭敏昌還有些靦腆。後來開店了，這一道滷肉佳餚也要列入菜單，但當然要做些改變，放入清甜容易上色、吸味的冬瓜，加上爽脆解膩的高麗菜，和五花肉以小火悶煮超過五小時以上，等到肉的油脂和冬瓜、高麗菜的香甜水分煨出黏稠的感覺時，這道也有「豐盛」、「赦封」等吉祥寓意的菜餚，就成了傳承自家鄉卻有著新變化的「阿爸大三封」。

　　還有像是粄條，你想像不到阿全師把粄條變成涼拌沙拉的要角，以客家桔醬取代沙拉醬，搭上水果、蔬菜，熱量低又養生。「客家美食，它不只是傳統，現代人不要油膩，也不喜歡太過鹹，現代人要的是美味又健康。」於是粄條Q彈多

層次剛剛好是一次新鮮的嘗試，當客家傳統碰撞法式口味，挑逗著老饕的味蕾。

客家師傅殺手鐧，「醃漬」手法創新菜

其實客家先祖挺過唐山過台灣時的餐風露宿，孕育出的飲食特色非常鮮明，吃不完的菜絕對不能浪費，肉塊切絲加上些零碎配菜成為了大家耳熟能詳的客家小炒；而當令時節的青菜得想辦法保存，醃漬的美味就在客家媽媽的不斷嘗試下有了千變萬化。阿全師非常重視這樣的傳統好滋味，親手醃漬各式各樣的蔬果，有梅干菜、福菜、酸高麗菜還有菜脯、蘿蔔絲。每年過年後，度過冷冬的高麗菜特別甜，對半切後在太陽下曬上三、五天，以加入米酒的水浸泡，大約一個星期就會自然發酵，類似這樣的天然酸甜或是甘鹹，都搖身一變成為阿全師變魔術最重要的道具。

像是蘿蔔曬乾用鹽醃漬後，切絲拌入九層塔，裹上麵粉去炸成一個大帽子的樣子，然後大膽起用客家餐桌上較少出現的海鮮，用培根捲起鮮蝦，再以雞高湯將主、配角的滋味慢慢融合。蝦子的清淡鮮甜中，有著醃漬蘿蔔絲和九層塔低調壓陣，像是一幅畫的構圖終於完整，成就一道創意料理——「圓福燴海鮮」。

在大家熟悉的口味上求變化，彷彿是郭敏昌這位客籍師傅血液中的DNA，不過即使到現在，阿全師每有新創意，都還是習慣回高雄老家請長輩們試吃。因為郭敏昌要用料理傳承客家文化，這條路頭栽下去就要栽到底，這是客家人的硬頸精神，也是一種使命。

首善之都台北，無論政經、文化長久以來總是有著領航的姿態，在美食比拼的競賽中，因為高度國際化、時尚感往往讓人有高不可攀的距離，但是在講求效率的場域裡，其實台北近郊的後花園也有人踩踏的緩慢的步伐，享受著偷得浮生半日閒的雅致，或是親近大地，或是走入流金歲月，甚至在市中心的車水馬龍間都有古蹟群可以造訪，台北其實離你很近。

最漂亮的世界級錦帶橋──大湖公園

　　台北有許多景點，但是大湖公園可是世界級的！

　　國外網站Bored Panda曾經在二〇一二年發起全球「仙境之橋」網路票選，台灣內湖大湖公園的錦帶橋不但入圍，還一度拿下票選第一名的寶座。照片裡的錦帶橋宛如潑墨山水畫，因此還曾被英國《每日郵報》和法國《世界報》報導過。

雖然因為照片太美，屢遭質疑作假，作者因此要求所有媒體撤下照片。但實際上，大湖公園的錦帶橋，確實無論晴雨晨昏都有一份閒靜之美。依山傍水的景致，一旁有九曲橋以及涼亭，在一邊納涼也好、草地上野餐也好，或是沿著湖邊和鴨子走一段，都是都市裡難得的體驗。再加上公園內設置台北第一條小鴨漂浮河，吸引大人小孩流連忘返。如果肚子餓了，沿著捷運一邊是南港軟體園區，一邊是內湖科學園區，這裡的巷弄美食如雨後春筍，不能錯過！

金山烤地瓜——小鳳阿公的地瓜園

　　暑氣正熾的八月，想要去小溪畔找找小清涼，朋友卻提出一個新鮮又符合都市小農風潮的提議——拔地瓜。

　　來到台北的地瓜之鄉金山，原來拔地瓜早就很時興，三、五步就是一大家頗具規模的地瓜園，甚至當地還會舉辦地瓜祭。不過這回我們造訪的這一家，其實規模不大，也不是專業經營，純粹就是朋友的朋友小鳳，在農忙時幫阿公採收。

　　地瓜每年清明左右種下，大約七、八月就要採收，既然大家都有興趣，也就歡迎來加減幫忙囉！因此價格很公道，已經摘採下來的地瓜不用坊間五十、一百的，一斤就算你三十元，如果是自己拔更加阿莎力，一株就算你五十元。

怡潔

如果時間允許小鳳還會貼心介紹附近的野溪戲水，甚至會搬出傢俬大鐵桶，不僅烤地瓜還要烤桶仔雞，真的不是為營利而是和你交朋友耶！啾咪！

🏠 新北市金山區三合國小旁

📞 0930-668-778（小鳳）

☕ 天氣好的白晝

看見三峽的獨特魅力──三峽老街

　　來到三峽當然不能錯過三峽老街，因為這是全台最長且保留最完整的古建築街區。清朝時期，三峽以熬樟腦、製茶及染布為主要產業，利用三峽溪水河道縱橫，形成三角湧街區作為集散中心，將貨品運送至全台各地，甚至像茶葉也可在此外銷。據文史顯示，現在的老街一帶，最繁榮的時候往來船隻多達六十艘，是北部頗具規模的商業區。如今在斑駁的外牆上隱約看的到精細的雕梁畫棟，不經意捎來些許當年流金歲月的風華氣息。

　　在這裡，街上每個角落都有故事，連紅磚牆邊的水井也有典故。這裡的井口只有半圓，叫做半邊井，無償提供給周邊家戶使用，帶有分享共榮、敦親睦鄰的意涵。當然有「東方藝術殿堂」之稱的清水祖師廟也一定要來朝聖。

 怡潔

在光復後主持重建計劃的李梅樹大師監製下，祖師廟堪稱是全台修復手藝最精細的廟宇之一。大師去世後廟宇仍在慢慢修復，也是全台重建時間最久的吧。這讓我想起西班牙的聖家堂（Basilica Sagrada Familia），一八八二年開始整建，表訂二〇二六要完工，不知道我們的祖師廟何時能成就東方巨作，與之抗衡？

🏠 新北市三峽區民權街43號
　　（三峽老街遊客服務中心）

📞（02）2711-2948

傳統文化新體驗——新北市客家文化園區

這裡可不只是單純的靜態展覽館，它結合了許多客家文物與民俗玩具，希望民眾能夠快樂地認識客家文化。像是喜歡芭比的女孩，可以在這裡發現世上絕無僅有的「客家藍衫芭比」，連小鞋子小包包都能相呼應。透過這樣的方式了解客家服飾，是不是輕鬆又有趣呢？而客家童玩也很值得體驗，像是打陀螺、玩扯鈴，還有踩高蹺耶！雖然有點難，但大人小孩都玩得不亦樂乎。不過活動是採預約制，因此要出發前最好先打電話確認！

此外，喜愛研究建築的朋友，不妨來見識一下客家土樓，圓圈狀的建築造型，兼具互助與抵禦外來勢力入侵的設計。這裡展示有「客家第一樓」——承啟樓的模型，讓人有機會真想去大陸一探究竟！客家電視台也在這裡打造一個真實的主播台，大家可以來試試自己的台風。園區裡也充滿了桐花、花布等客家意象的裝飾，很美很繽紛，更棒的是園區免費參觀喔！

🏠 新北市三峽區龍恩里31鄰隆恩街239號

📞（02）2672-9996

☕ 週一至週五　9:00～17：00 週六、日　9:00～18：00（每月第一個週一休館）

入夜後的古蹟群巡禮──北門＋北門郵局

　　這應該是台北最新的景點囉──北門！台北市長柯文哲上台後啟動西區門戶計畫，要將老古蹟注入新城市，其中就包括重現保存完整的台北府城北門，這座城門位在今天的台北市忠孝西路、延平南路與博愛路交叉口，於清光緒十年時落成，是台北府城五大城門中唯一保持建城原貌的城門，也可以說是台北新式城門的代表作。

　　北門正式名稱其實是「承恩門」，在今年農曆春節前是被忠孝橋引道包圍著，每天車水馬龍的喧囂，讓這國家級的建築幾乎見不得光，再加上門外原本建有的甕城，早已不存在，因此少有人投注關愛眼光。直到今年春節拆除忠孝橋引道，北門終於揮別四十多年的灰頭土臉，成為台北新地標，入夜後和鄰近的台北郵局成了現代化的台北市區尋幽

訪勝的古蹟群區。

　　一旁的台北郵局也很吸睛，這是中華郵政在台北市設置的特等郵局，屋舍建於西元一八九五年，是三級古蹟。郵局共有四層，兩大一小建物群和一旁的北門，在入夜後鍍上柔和燈光，悠悠傾吐著清代建築之美。

CHAPTER 2

養生慢活之樂

位處「北北桃生活圈」外圍的桃園，近年隨著人口的成長，晉升為台灣第六個直轄市。在興盛繁榮的同時，卻還是保持著自己獨有的優閒步調。暫時離開城市的喧囂，一起到桃園體驗養生慢活的樂趣吧！

桃園市玉山街512之9號

（03）362-1529

週六、週日
11:00～21:00

$ 300元／人

莎估啦農場

退休老闆的開心農場

莎估啦農場，沒有在大馬路邊，而是在桃園彎彎曲曲的小巷內，因為老闆葉建雄，希望他的開心農場，沒有汽機車的廢氣汙染，所以離大馬路有數里之遙，開著車沿著指標，一路往前，你會發現「柳暗花明又一村」！

自己的蔬菜自己種

　　食安風暴之下，怎麼吃都不安心，有人乾脆自己蓋農場，而且這是一座人見人愛的開心農場。曲折的小巷裡，竟然藏身著這麼一大片農田綠地。一走近，就令我想到「超級學校霸王」的台詞，覺得「這個世界多麼的美好，這空氣多麼的清新！」

　　四十幾歲葉建雄，以前是貿易公司的大老闆，為了養生，他決定退休，下田當農夫，他自己種植有機蔬果、養雞、養魚、也養身體，五年多的農夫生涯，真的讓身體變健康。最近他開起餐廳，但一到五務農、餐廳只有假日才營業，一個禮拜只營業兩天，目的不是為了賺錢，而是希望跟大家分享他的有機農園。

　　走進莎咕啦農場，真的會讓人覺得彷彿置身台灣後山，有著好山、好水、好人情，農場主人葉建雄

令我很吃驚的是一整顆高麗菜，大部份都被菜蟲吃的坑坑疤疤，剝剩下的菜心，才是葉建雄一家吃進肚的食材。別人是一顆高麗菜分好二盤，他們家要用二顆高麗菜，才能炒出一盤菜。

熱情招呼，說起他的農場，他總是滔滔不絕。「這是蘆筍、這是金針花、這是胡瓜，我這裡面有幾十種的蔬菜、水果，都是我自己種的，光是茼蒿就有好幾種，你看這個高麗菜，完全不灑農藥，所以會有菜蟲，菜蟲吃完剩下的，才是我們吃的，所以這個最健康。」

「這個蔥，也是無毒的，你可以吃吃看。」為了強調他的農場，絕對是真的有機無毒，所以他走到那，吃到那，不用洗菜、也不用擔心有農藥殘留，在這裡什麼菜，都能現摘現吃。「你看這賣相不太好，但是食材絕對新鮮、呈現的是蔬菜原味。」

身體比錢重要！退休蓋農場

為什麼會想自己建造「開心農場」呢？葉建雄原本是貿易公司的大老闆，過去三十年，錢愈來愈多，但身體是愈來愈差。「有時候為了談生意，中午可能吃個速食餐，或者是沒有吃，晚上為了應酬，則是常常會大吃大喝，三餐不正常，不但一直有胃痛的毛病，而且什麼病痛都來了，所以我就想，或許我應該退休，從改變自己的飲食下手。」為了自己跟全家人的健康，他決定買下沒有汙染的農

地，下田當農夫。

　　只是吃下肚的食材，全部要自己把關，難度真的很高，因為他連雞跟魚都是不假他人之手。「我們的雞自己也要吃，所以絕對沒有打抗生素，還有這是紅面番鴨，我們冬天會拿來做薑母鴨，那這些雞、鴨，都是吃我們自己的種的有機蔬菜，真的很健康。」

　　為了要吃雞，他們還得自己購買脫毛雞等設備；另一個雞舍，則是專門為母雞生蛋而設計，連雞蛋都得是自家出產，真正落實有機顧健康。「很多雞隻生長過程，不但吃了不健康的飼料，還住不衛生的環境，沒病還得被打抗生素，那樣死不瞑目的雞，所下的蛋能有多健康。」

　　他們的土雞從雛雞開始放養半年，雞隻的飼料是麥片、有機蔬菜。跟一般雞隻比一比，如果是施打抗生素的雞隻，只養四個月就會收宰殺，而他們堅持不投藥不打抗生素、土雞一定要養六個月以上，所以這樣的雞很難照顧，也容易生病，但他們不怕虧錢，就是要堅持初衷。

養雞、養魚、養身體

看著葉建雄忙裡忙外，很難想像一個大老闆，不但變成農夫也變成漁夫，因為連魚他都自己養，他的開心農場，有一個大水池，養的是台灣鯛魚。「一開始養的時候，因為是死水，魚一下就死掉，換了水也常常有死魚，後來才知道要用水車，一小時就要打一次氧氣，我們才開始有魚吃。」花上百萬添購設備、整建水池，才開始有乾淨的活水，另外，他還親自送檢驗，證明水質完全無汙染。

細心照料的台灣鯛，果真相當美味，尤其整尾台灣鯛，抹上鹽巴之後進行鹽烤，不但香氣四溢、魚肉的湯汁完全被封住，所以肉質鮮嫩無比，真的很難想像這樣的口感，竟是台灣鯛。「其實殺魚放血也是學問，一定要先放血再殺魚，這樣的魚才會好吃。」

連魚都自己下手處理，葉建雄邊做邊學，也讓有機農場愈來愈有規模，為了讓大家吃到產地直送的有機蔬菜，他決定開餐廳，只是退休是為了休息，所以他的餐廳只開二天。「就星期六、星期日營業，其實也不是為了賺錢，只是種太

多有機蔬菜，沒吃完很浪費，送左右鄰居也送不完，所以我想説，乾脆開一間餐廳，分享這種健康的概念給大家。」

夫妻一條心，推廣健康理念

老闆主外，老闆娘紀雅婷則主內。紀雅婷是美國企管碩士，喜歡烹飪，也樂得跟老公一起享受田園之樂，她會中式料理，也會西式調味。店內不論是桌菜、還是簡餐，絕對不是料理包，而是老闆娘親手做，從鹽烤台灣鯛、蜜汁燒豬肉、到田園黃金雞，通通都是老闆娘的拿手菜，其中一個招牌就是「梅子鯛魚鍋」，梅子是老闆娘親手釀的，沒有任何化學添加劑，加入火鍋湯頭，特別鮮甜。

客人吃的所有菜餚，也是他們的三餐料理，因為他們説：「自己敢吃，才會端上桌。」這是他們的堅持，所以不用宣傳，就有客人上門。老闆娘：「我們拿出來問心無愧，這全是我們自己做的，不論是甜點還是配菜，我們跟客人都吃相同的東西都一樣，客人可以很安心。」附餐的果汁，也是用菜園裡頭的水果現榨，絕對不用濃縮果汁。

趣味十足的農夫經

　　「這是我們的楊桃豆、有人説是角豆。」現在兩夫妻，熟知菜園裡各種蔬菜的特性、也知道怎麼料理才能最對味，但開始可不是這樣。葉建雄：「一開始的話沒有種過田，胡瓜跟菜瓜，還有那個南瓜都搞不清楚，什麼時候好採收都搞不清楚。」聽著大老闆的種田經，佩服的五體投地，因為從來只負責吃的生意人，能夠變成稱職的農夫，真的得要花一番功夫。「我就問各地的產銷班，請教各地產銷班的班長、農會，就靠著不斷研究，才讓我的農場，可以開花結果。」

　　紀雅婷：「一開始老公説要種菜，我是蠻嚇一跳的，尤其聽到要在泥巴裡面攪和，我想應該撐不久吧。」本來以為種菜很簡單，就是把種子灑入田中，接著灑水等收成，沒想到真的不是這麼回事。「有的菜根本才長出嫩芽，就被蟲吃掉了，後來不斷請教之後，才知道原來有不用化肥的防治方法。」葉建雄説。

從挫折中汲取養分，開出最燦爛的花

　　兩夫妻真的從挫敗中學習，因為一開始並不太順利，所有的蔬菜都偏小，只有一般的四分之一，而且坑坑洞洞，半年之後才漸入佳境。紀雅婷：「看到我老公種的東西長出來，然後吃起來是這麼的美味，就會忘記一開始有多辛苦，會覺得值得，非常值得。」

　　不用擔心農藥、不用害怕黑心食品，自己種菜、自己賣，讓全家安心，也讓上門的顧客心安，只要想喘口氣會想到他們的開心農場走走，尤其是百花盛開的春季，因為他們的農場，還種植了四十株的吉野櫻，每年三月片片櫻花飛舞，繽紛點綴著開心農場，會令人有置身日本的錯覺，喜歡櫻花的兩夫妻，把店名取為「莎估啦」，就是櫻花的日語。很美的名字、很美的農場、更值得讚賞的是，他們有著良心經營的理念。

柚子花花青春客家菜

讓人聞香難忘的青春滋味

🏠 桃園市桃園區中正路
1270號

📞 （03）317-2666

☕ 11:30～14:00
17:00～21:00

💲 桔香金棗肉260元，梅乾
扣肉（馬卡龍）280元

抬頭一看餐廳的名稱就叫「柚子花花」，心想餐廳的主人一定對柚子有很深的依戀。只是往裡走，才發現這裡不僅有柚子花，還有大紅牡丹花，因為隨處都有客家大花布的意象，紅紅粉粉很是活力，和餐廳的主題意象——青春客家菜，恰如其分的呼應著。

柚子清香，花花飛飛

　　每年的中秋節，月圓人團圓，那一陣子好像吃的東西也得應應景，除了月餅之外，圓滾滾的柚子是一定要的，蟬翼般透明的薄皮繃住飽滿多汁的果肉，一口咬下，像喝下滿口的果汁一般滿足，而那已經皺巴巴的外皮，因著精油分子，淡淡雅雅的清香就這麼襯著大夥相聚的溫暖心情，還有切成花瓣狀的外皮往頭上一戴，童年似乎不曾遠離，一提到小小柚子你看就讓人嘰嘰咕咕説了一堆，因此當看到有家餐廳叫做「柚子花花」時，打從心底就讓人喜歡。

　　和柚子花花結緣起因只是路過。雖説是做客家菜的餐館，但是天花板上翻飛的桃紅流蘇，格子窗的佈置阻隔了人挨著人的擁擠，少了油膩昏暗多了青春重生的氛圍，空間因透視設計而有了流動感。順著柔和的光線往外看，餐廳的老闆林榮輝笑瞇瞇的向我招手。

桔醬酸甜，青春滋味

　　跟著老闆的腳步，來到戶外的庭園，牆壁上有著十幾個陶罐的圖騰，每一個都有不同的花色，有幾何、有花朵。老闆説，一個陶罐、一縷柚香，都是客庄童趣最深的印記：「小時候院子裡總有好幾個陶罐，裡面裝的全是客家媽媽拿手的醃漬醬菜，蘿蔔、福菜，簡單的食材、難忘的滋味。而門口那株柚子樹，是回家的方向，只要聞到柚子香就表示快到家了。」而柚子的「柚」又和保祐的「祐」有著同音的意涵，就希望來到柚子花花就像回家就能被

保祐。

　　進了柚子花花，五臟廟還真的有被保祐，第一道菜還沒見到本尊，空氣中已經蔓延開酸酸甜甜的滋味，喚醒了味蕾，舒展了食慾，那是客家人最棒的美食佐醬——桔醬。突破了白斬雞沾醬的配角宿命，加上金棗和肉片一起大火拌炒，起鍋前，廚師特地先舀一勺黃澄澄的醬汁討喜的在盤子上留下一抹彎彎的線條，像是品嘗過後饕客臉上的微笑，迫不及待嘗一口驚豔於桔醬的巧妙，火候的溫度潤滑了第一口的酸楚，恰恰巧地提起了肉的鮮甜，而乳酸解構了纖維的緊繃，讓每一口都更加軟嫩，幾顆新鮮金桔剖半在一旁視覺驅使味覺起了化學變化，捧著飯碗一口接一口，而這道桔香金棗肉可是老闆的得意青春菜，媽媽的味道酸甜上菜。

客庄家常菜，用愛調味青春上桌

　　客家人一向克勤克儉，餐食沒有過多裝飾，就地取材不浪費，反而更能享受到食材最初、最原始的風味！以往客家人吃不完的菜，怕腐爛浪費，就用醃漬的方法保存，造就了客庄每個宅院裡一個個陶甕瓦罐排排站的光景。這裡頭一定少

乍暖還寒的四月天，一靠近餐廳附近，那空氣特別宜人，讓人忍不住往裡探，原來門口有株柚子樹，樹頭粉白色的小花朵朵，是柚子花耶！很多都市的孩子連柚子長樹上都要遲疑一下，更別說親身體會柚子花獨特的清香。那是一種淡淡的、卻讓人難以忘懷的氣息。

不了的一味，就是福菜，黑黑乾乾卻永遠有著讓人眼睛為之一亮的效果。有人說客庄媽媽的廚房裡，福菜就是魔法師，悶炒、煮湯都行，最佳配角之名當之無愧。最常見的梅干扣肉，就是靠著福菜將五花肉的油膩化去，福菜的鹹香爽口讓肉入味後滑順溫潤。

當然，這道傳統客家料理在柚子花花，也必須要有現代的青春養生新吃法──馬卡龍刈包，像是法式甜點小巧精緻的size，中間內餡夾著梅干扣肉，一不小心就滿溢出來；一口咬進不死鹹、不油膩，扎扎實實的口感讓人特別滿足。別說我沒提醒愛美的小姐們，我自己就吞下了兩三個！但俗話說的好：吃飽了才有體力減肥，你說是吧？下回聞到柚香，一定不會忘記這裡青春的客家美食。

坐著做すし握壽司

最實惠、最用心的江戶派料亭

🏠 桃園市中壢區愛國路60
巷15弄4號

📞 0989-025-064

☕ 11:45～14:30
17:30～22:00
（週一公休）

$ 無菜單的套餐制，分為
三種價位，880／1280
／1680元，需加一成服
務費

才二十三、四歲，小裕師傅已經厭倦那種一開
門，只有一張床和小衣櫥的外宿生活；漂泊許
久，讓他想要定下來、想要一個家，於是有了
「坐著做すし」。細細品嘗這裡的料理，每一
口都有對家的依戀和承擔，那是愛的滋味。

積極認真，扎穩學徒基本功

　　可能是因為我從出生求學到工作，很少離開台北的生活圈，因此印象裡尤其是大學時期特別羨慕來自外縣市的同學或是僑生，嚮往自由自在的一人生活，雖然看《軍中樂園》班長陳建斌吶喊時也會鼻頭酸酸的；看了麥當勞形象廣告，正在上班的員工見到家鄉媽媽那一幕也會大哭，但潛意識裡總覺得一人生活、四處遊樂很酷。直到遇見了坐著做壽司的小裕師傅，才一切改觀！

　　小裕師傅是天生注定要成為一名出色的廚師吧，國中時十幾種的通識課程，廚藝他最有興趣，天分彷彿得到了啟發，之後念職業學校就選擇餐飲，但畢業後因為家中經濟的關係無法再繼續深造，社會大學成了他的試煉場。

　　認真投入的態度，讓他有機緣到國內知名的「三井日式料理」工作，只是資歷尚淺，雖然工作地點在廚房，但是每天的工作內容不是在料理區洗水溝，就是洗煙罩，一開始食材幾乎碰不到不說，要力求表現，還得要洞悉當中的潛規則——比誰更早到。

名店吧檯上，站出大將之風

「為了讓前輩師傅更肯定工作熱誠，原本九點半上班我八點就到，沒想到同梯有人七點已經上工，我只能摸摸鼻子再早些到班」，現在說來有幾分感激，感激不合理的磨練，當時十幾歲的年輕人隻身在外打拼，這點滴分寸都要自己審時度勢。

過程雖苦，但小裕認為是上天賞飯吃，近一百八十公分的強健的體格（其實臉龐也挺帥的～～這樣寫寫下次去坐著做要打折囉），這些外在的條件竟然讓他的廚師之路更上層樓，來到了日式料理界的大學──新都里餐廳，並且很快就爭取到吧檯的工作。

在新都里，小裕師傅學到日本職人的精神，每天用量極大的蘿蔔絲不用機器，純手工一刀一刀的刨切；魚肉仔仔細細的去骨去刺，魚肉做料理，魚骨魚刺熬出湯汁，做湯底或醬料，這樣的一絲不苟讓小裕師傅紮穩了馬步；輾轉間，澳

門的工作機會也找上門，但這一去，卻是一次的歸零與一次的出發。

一趟回鄉，才驚覺台灣是自己的家

「大概是大班的時候，跟著爸媽離開了出生地澳門來到台灣，在這唸書長大，十幾年來，沒想過還會再回澳門。」言談間對於離開澳門有些隱諱，但是小裕師傅說，再回到澳門，其實對他很重要，因為一趟「回鄉」讓他更確定，要在台灣落地生根、開店成家。

原來離開了新都里後，小裕被推薦到澳門的Galaxy Macau澳門銀河集團旗下的餐廳工作。在台灣，吧檯上的師傅彷彿都有三頭六臂，一人至少服務四、五位客人；但在澳門，四、五個客人就有兩位師傅招呼，小裕開始有時間嘗試許多料理上的創意和發想；像是幾乎進到日式料理店必點的冷菜──玉子燒，他就曾反其道而行，呈上鐵盤上煎得吱吱作響、還熱騰騰的玉子燒，店內的前輩也都覺得新奇，嘗了一口卻是驚為天人，也跟著向客人推薦。

然而這樣的生活，小裕卻覺得太閒散了，加上房租貴、物價高，無法存錢，

這個出生地對他來說也已經全然陌生。霎那間，寂寞讓他無法再過十幾歲就展開的外宿生活，無法面對每天回到宿舍開門只有一張小床小桌的冰冷；最重要的是，交往多年的女友還在台灣痴痴等著。不到一年時間，小裕急急返台，像是漂泊很久的船長想要定下來想要有個家。他決定，這次要停靠好久好久的地點，就在自己真正的家鄉──台灣桃園。

實惠價格，給客人最新鮮的日式料理

目標確定後，小裕師傅和他口中個性也有點怪怪的當兵同梯兼換帖，一起在中原大學附近開了第一家店。因為年輕時太苦，他想學江戶派料亭的風格，「坐」著做壽司，可愛的店名「坐著做すし」也就從此而來。

一開始主要客層是學生，價位定的經濟實惠，六百八十元的套餐可以吃到

十幾年所學，小裕師傅在細節上也不放過。日本三一一後，為防誤用輻射汙染的農產品，他開始自己煮醬油，掌握甘味再上桌；做握壽司時發現壽司飯太黏，也曾當著滿屋的客人面，訓斥負責壽司飯的合夥人：「做出這種飯不如不做，全部倒掉！」這樣的堅持是有回報的，從日本來台多年的阿布先生，就因為壽司飯的美味成為忠實主顧。

不錯的魚種，廣獲好評（目前已漲價至八百八十元囉）。開店至今，小裕師傅始終想要讓客人吃到最新鮮的日式料理，每天四、五點天還沒亮，就出發到台北濱江市場採購，再搭上日本進口以及宜蘭大溪漁港的魚貨。小裕師傅說他最驕傲的，就是一千二百八十元已經可以讓客人吃到松葉蟹、Kinki fish喜之次，甚至是Toro黑鮪魚。

開店之後，小裕的心也踏實了，同一年就和女友走上紅毯，如今已擁有一女一子，正好組成一個「好」字，而這不僅僅是小裕的人生寫照，也是「坐著做」的前景，更是來店客人最愛的氛圍；很多學生吃到成為上班族，已經和小裕師傅像是一家人，而想要有個家的小裕，至此不管開店門或是開家門都有人用熱情等著他。

溪友緣風味料理

每一味都是愛家愛土的傻勁

🏠 桃園市大溪區仁愛路9號

📞 （03）387-7769

☕ 11:00～21:00

$ 五味干絲（小）140元，
包二奶600元（每日限量
10份，請事先預訂）

自從台商出現後，包二奶的現象成為了許多留守台灣的大老婆們心中的最痛，但是如今卻有個地方可以讓人名正言順大大方方的「包二奶」，帶著家人一起「包」都沒問題，光想就覺得有趣，當然要呼朋引伴去實際行動一番。

愛美食更愛大溪，外行人精進成名廚

在桃園大溪的長老教會旁有間紅色二尺磚以及木雕窗花的建築，淡淡的中國風情裡，陽光穿過窗花投射出的景致，與和平老街上一棟棟櫛比鱗次的巴洛克建築相襯著，很是舒服。店前兩大片木門把大溪木器的傳統技藝亮了出來，裡頭的燈籠更把大溪八景之美描繪得淋漓盡致，連菜單都有滿滿的大溪口味，老闆江衍志說：這店裡有著他對大溪滿滿的愛。

二十多年前年輕的江衍志很想留在家鄉發展，和太太想著：既然兩人都愛美食，不如開間餐廳！雖然不是客家人，但在大溪這個客庄一久，對於客家風味也有著特別的情感，不想假他人之手，要自己掌廚。兩個大外行就這樣懷抱著滿腔熱情，一路摸索，希望在大溪和朋友結緣，溪友緣就此誕生；第一家簡單擺設在大溪老街的樹下吃飯，這裡已是第二間。這些年來和顧客交心請益，修正菜色和口味，都快成顧問了，而不斷創新研發的初心，不僅贏得在地民眾的青睞，很在地的「在地風味餐」更是得獎連連，處處受肯定，不只成為桃園縣政府評鑑的金

包二奶也是江衍志在二〇〇四年，台北中華美食展「金牌名膳」活動上的表演菜，感覺就像奧斯卡的最佳影片一般，是一道擁有無上光榮的名菜啊！

牌名店，還有更多桂冠加持。

細緻刀工，為家鄉開闢新菜色

　　江衍志說，光光是一道大溪黑豆干，就有許多變化！「五味乾絲，其實是名符其實的刀工菜，就是運用我們大溪最有名的黑豆干，吃過滷的炒的，但是我卻沒見過涼拌的！」於是切絲後和包括爽脆的木耳絲、嗆甜的洋蔥絲還有獨特香氣的芹菜絲以及增加賣相又營養的紅蘿蔔絲做成涼拌開胃菜，淋上特製涼拌醬以及有碎顆粒的花生粉，鹹甜間用檸檬提鮮味，這些些的酸，讓人脾胃大開；當然客家小炒，用上了大溪黑豆干，Q彈入味，帶有一絲絲焦香氣的豆干，和魷魚及肉絲成客家本色絕佳詮釋，口味更上一層樓！為了自己最愛的土地，這些創意有些更是十年磨一劍，「包二奶」就是一絕。

　　來到這裡一定要嘗嘗鎮店名菜──「包二奶」！包二奶用吃的，當然沒人傷心也沒人心痛。菜一上桌，看到最上層一顆鮮紅櫻桃，更讓人不禁莞爾。但在聽到大廚解說這道菜的創意發想時，真讓人不

得不感動於廚師的用功和用心。

包二奶匠心獨具，老婆吃了都開心

　　「桃園大溪是台灣著名的木器之鄉，陀螺就是大溪名產，而生長在桃園客家庄的我最喜歡的菜就是梅干扣肉，於是我就把這兩項元素結合。」這道鎮店名菜的陀螺外型可是一大挑戰，江衍志用完美的神級刀法，將五花肉片出長達三百公分的薄片，過程中絲毫不出錯；然後用梅干扣肉的概念，堆疊而上，五花肉硃砂紅的皮就像是陀螺上的木紋，裡頭緊緊包圍住的當然就是梅干扣肉的精髓——梅干菜。由於是自家醃漬的，不會太過重鹹，反而是在蒸煮的過程中，和五花肉的油脂有了最完美的合奏，吃起來油膩感被梅干菜中和，只留下香鹹滑潤的口感，讓人難忘。

　　廚師還將俗稱「虎咬豬」的刈包也用上，塞滿了五花肉和吸飽湯汁的梅干菜，再撒上花生粉，這又變成許多人愛吃的刈包。熱呼呼的吃，一口接一口。上菜前擺上的一顆櫻桃，給了這創意菜餚無限的幽默。愛土地的單純心思，變化成桌上趣味橫生的巧思，也成了老街上最美，最值得駐足的風景。

🏠 桃園市新屋區埔頂村2
鄰35-3號

📞 (03) 497-1184

☕ 11:00～14:00
17:00～20:00
（週一公休）

💲 英式魚排佐國寶醋醬
250元、西班牙燜魚飯
（小）230元、牛肉香
腸（小）200元、古荷
蘭燉肉（中）400元

南非美食小屋

不惜成本，重現百分百南非風味

南非歷經荷蘭、英國、德國及法國的統治，因此即使身處非洲最南方，卻始終有著多元又豐富的歐洲風情，投射在道地的南非菜色上，端上桌的也就像是聯合國了，「不用跑遠，我在南非吃到的滋味，就是這裡你吃到的滋味。」李永儒端上Fish & Chips時認真的說著。

桃園鄉間，尋得南非風情

　　從小就很容易長針眼（是體質因素，不是愛偷看喔～～），尤其是遇到重要時刻，像是大考啦、過年過節或是出國旅遊。印象最深刻的一次是跟著家人遠赴彩虹國度──南非，一心期待著遇見課本上非洲之南的好望角像探險家一般的瞭望，或是走進淘金重鎮約翰尼斯堡，重溫那段流金歲月。但萬萬沒想到飛了十五、六個小時，長途跋涉來到南非，我卻因為針眼，發燒又眼腫，狼狽不堪。不僅連張漂亮照片都沒有留下，頭昏腦脹一路睡，桌山的雲霧繚繞，海豹島的波瀾壯闊，都只剩一片模糊。唯一的南非印象就是多民族特色下聯合國式的南非美食。只是從沒想過在台灣還能嘗到那野性兼具理性的南非菜！

　　一望無際的桃園新屋鄉間，稻穗綿延成金黃一片就像是非洲草原的色澤鮮豔，猛一看還真有個牌子寫著南非兩個大字，順著引導進入了南非的地盤，長角羚羊、長頸鹿還有大猩猩的木雕刻在茂盛的綠意中錯落穿插，野性大地的氣氛瞬間滿溢，拾級而上，老闆父子已經在門口招呼，老老闆引我們進門，年輕時異鄉打拼，在南非胼手胝足打開貿易之路的魄力和豪氣，在他爽朗的聲音中展露無疑，讓人聽了很精神，注重禮儀的他時不時像家中的老爸爸一樣叨叨絮絮念著小孩別跑，會撞到桌腳；女孩們別太拘謹，吃薯條就用手豪氣享用等等，但真要他分享海外創業闖盪的點滴，他卻滿是溫柔的說今天他將舞台讓給兒子。

十年南非遊歷，重現經典美味

　　小老闆李永儒，有著同樣中氣十足的聲音，每每

以前貴族吃不完的蔬果，放進了黑色橡木桶裡，放上了一年才被想起，雖然沒釀成酒，卻意外發酵成介於果醋和果醬之間的美味──果醋醬，從此在歐洲大行其道。除了葡萄牙的Pearberry之外，這種果醋醬也幾乎成為了南非人日常生活不可或缺的廚房必備品。

談起南非菜餚，語調裡就充滿歡樂，因為那是兒時回憶中難忘的一部分。原來李永儒小時候隨著父親經商來到南非，人生地不熟，食物的香氣和溫度，填補了小小心靈的緊張不安，每一口滋味、每一縷香氣，都深深刻印在李永儒的心裡。在台灣和南非無數次的停留和飛行中，李永儒也完成了餐飲學校的學程，有了基礎，李永儒想把心中最難忘的南非滋味給端上桌，只剩下最重要的考量──食材百分之九十以上要從南非進口，剛好退休父親的貿易背景，無形中完成了最後一塊拼圖，於是南非小屋原汁原味誕生。

首先端上的Fish & Chips，李永儒用了南非道地的元素，不僅用適合炸的南非白寶石魚White Steenbras，這種深海魚取其魚肉軟嫩但是不糊爛，裹上的炸粉以及另一要角──薯條，也都是南非進口，搭配的果醋醬更是不馬虎。

精心熬製、發酵而成的果醋醬，結合了果醋的酸和水果發酵後的甜膩，加上水蜜桃濃郁的香氣撲鼻，沾上薄薄一層，就讓這一道走遍歐洲都吃得到的基本款菜色有了令人讚嘆的豐富層次！不過這樣的讚嘆代價不小，李永儒說為了重現南非口味的Fish & Chips，空運來的果醋醬，一磅要一千兩百元台幣，也就是醬比魚和薯條加起來還要貴，但他照樣進口，因為他要百分之百南非味！

堅持做給家人吃的心情

也許是從小跟著家人走遍各地，如今隨著父親退休落腳在桃園，一家人才有時間好好相聚，李永儒特別想把最好的東西和身邊的人分享，於是每一道

都有著做給家人吃的初心，像他的南非風味古荷蘭燉肉，就特別讓我感動。

原來這道至今仍然是荷蘭國宴菜的燉肉，歷史要追溯到三百年前荷蘭東印度公司在南非開普敦設立中繼點，在這裡進行人員、油料甚至生活用品的補給，船員在週邊打獵加菜，將這些鮮食放進荷蘭鼎後以荷蘭白酒做基底，添加香料，一些根莖類的蔬食，像是高麗菜、馬鈴薯、紅蘿蔔、水蜜桃和蘋果，不離火的狀況下至少滾煮七小時，等到水蜜桃和蘋果的香甜已經深深化入湯底，馬鈴薯、紅蘿蔔的滋味已經緊緊咬住肉的肌理，轉小火後端上桌，熱呼呼的吃，蔬菜的纖維伴著軟而不爛、大小適口的肉塊，一嘴的滿足。

精心備料，國宴菜更升級

李永儒說這鍋裡絕沒有半點肉臭味，因為他嚴選在地的新屋黑豬肉，不僅脂肪分佈均勻，肉質有韌性，最重要的是耐燉煮，讓這一鍋有了南非風味的荷蘭國宴菜，如今也有了台灣精神。正要放縱吃第二碗，老老闆趕緊告訴我們不能用湯匙翻攪，因為這湯頭可是有層次的，當湯汁收乾，只能加荷蘭白酒和高麗菜，用酒的香氣和高麗菜的微甜汁液，昇華這一鍋國宴菜的底蘊。

是一種成長吧，看著做父親的老老闆稱讚著兒子的廚藝，為孩子把異鄉成長的酸甜苦辣，化為一道道南非佳餚而驕傲著，說話的神情很讓人感動。不過回歸正題，要吃這道國宴菜得要先預約呦！

這裡還有好多地道的南非味，像是size驚人的南非風味水牛香腸，還有西班牙家鄉燜魚飯，都很特別。當然提到南非，一定得喝一口這幾年台灣當紅的南非博士茶，草本自然香氣很清爽，有點微熱的風迎面吹來，攀過樹梢穿通小屋，彷彿繼續吹向那一望無際的南非大草原，而我佇立其間……。

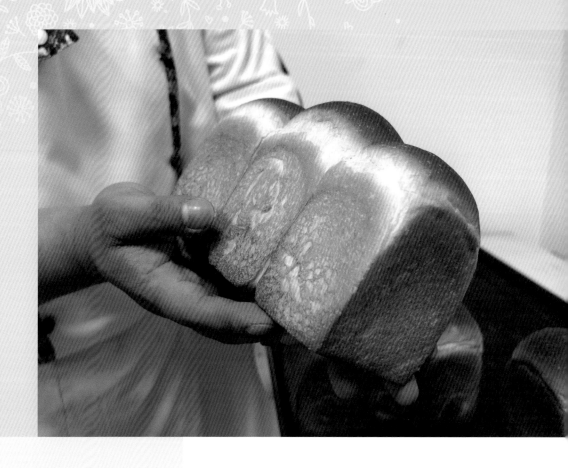

金永鑫創意烘培坊

天然吐司達人的客家味吐司

⌂ 桃園市龍潭區聖亭路
　 223號
📞 0988-270-948
♨ 9:00～21:00
$ 30元起

飽和的橘子色，溫暖了吐司的白；濃濃的客家情，柔軟了一抹擂茶的青澀。客家師父三十歲的夢想，在烘焙坊裡等候感動時刻。

擂茶、桔醬創意吐司出爐

　　最近食安問題層出不窮，尤其媒體報導很多麵包都用香精、化學添加物增加香氣、縮短製程，嚇得我一陣子不敢進麵包店。而為了吃的健康，我發現了這一家，位在桃園的吐司麵包店，店面跟一般的麵包店很不一樣，古色古香，但這間烘焙坊只有賣天然無添加的吐司，因為老闆張承泰希望讓大家吃到食物最原始的味道。

　　看看他的吐司，有擂茶、有紅麴也有桔醬口味，這些食材很難跟吐司聯想在一塊，但是老闆張承泰做到了。張承泰：「我是客家人，一些客家常見的食材，卻很少被市面上的烘焙產品使用，所以我就想到用擂茶、桔醬等，融入吐司當中，做出與眾不同的客家吐司。」

　　我們採訪的這一天，張承泰做的就是桔醬吐司，

很多人喜歡自己開店當老闆，我也很想開個甜點咖啡店，但是想歸想，總得要有生意上門才行。尤其現在三百六十五行，行行競爭激烈，所以有創意、講求誠信、用料實在就相當重要，而張承泰的吐司店，就靠著這些特質獲得消費者青睞。

它的桔醬吐司很有特色，這可是他經過好幾個月的研發。他說：「桔醬加入麵團的時候，可能會影響麵團發酵，要怎麼最對味，要不斷的去調整，所以我用了二種桔醬去做調和，經過好幾個月、幾百次的嘗試，才讓口感、色澤逐漸完美。」市面上大多都是香橙麵包、香橙吐司，但他認為酸桔的味道很棒，也比一般柑桔類的味道香，並不輸給香吉士，所以他用桔醬打頭陣，果然大受歡迎。

嚴選食材最安心，讓你看得到也吃得到

除了商品有特色，要怎麼讓消費者吃的健康也很重要，所以張承泰要求商品純天然，連著色劑都是天然的花粉。「不管是什麼商品，都要講求色香味俱全，但是如果加化學著色劑跟我的理念不合，所以我才想到可以用花粉，它可以著色、但卻很健康。」

這款擂茶雜糧吐司是我的最愛，因為可以吃得到擂茶裡的穀類也吃得到紅豆，口感多層次。「很多麵包師傅，會把食材磨成粉末加入麵團裡，但是如果不讓人家看得到吃得到，誰知道你是不是化學元素調製而成的，那我希望是讓大家

可以很清楚的知道，自己吃進肚的是什麼東西，所
以我會磨成顆粒狀加入麵團，讓大家知道紅豆就真
的是紅豆、芝麻就是芝麻。」

　　他的桔醬吐司吃的到酸桔的果粒，擂茶吐司裡的
也一定吃得到穀物，不但增加口感，也強調健康。
「健康未必會不好吃，我希望健康也能很美味，只
是要多下點苦心。」另外他也用阿婆的紅糟，還有
客家艾草等等，做出口感令人驚豔的客家口味。
「紅糟是阿婆教我做的，那我會把紅糟的鹽分減
少，這樣就能比較養生。」

天然無添加，源於照顧爸爸的心

　　張承泰國中畢業就決定走餐飲業，三十歲立下目
標，回鄉創業，只是為什麼以吐司為出發？他說：
「我爸很喜歡吃吐司，但是他很容易胃酸過多、胃
脹氣，我覺得天然食材的選擇很重要。所以我嚴選
食材之外，做麵團的時候，不用糖跟油或是其它膨
鬆劑去控制它的柔軟度，我靠手法、靠拉長製程去
讓麵團變柔軟，因為我希望我爸吃我的吐司能夠健
康，所以我絕對不會偷工減料。」

　　強調自己不會為了省成本，而用化學成份砸招
牌，但為了節流，整個創業過程，省之又省。工作坊
是家裡的車庫打造的，電器產品也通通是二手甚至是
三手、四手貨，原本的車庫變成店面，所以它的烘焙
坊不是在市區。價格雖然是一般吐司的二倍多，但他
卻能靠著宅配、有機店的訂單打天下，因為張承泰致
力發展特色吐司，希望大家吃到的不只是吐司，也能
感受到他的用心與製作的理念。

胡同彭家老鋪

無法割捨的饊子好滋味

🏠 桃園市蘆竹區桃園街
100號

📞（03）212-6370

☕ 11:30～21:30

💲 羊肉拉麵150元，牛肉
饊子150元

剛開始要寫書的時候，有前輩說第一本可得下功夫做口碑，開玩笑說要像米其林一樣的標準，於是無形中篩選掉很多平民小吃。心中眾多遺珠中，這一家位在南崁的胡同彭家老鋪我還是捨不得放掉，原因無他，因為它在我的舌尖上就是米其林。

「溫中益氣」的油炸食品

還記得小時候最愛奶奶的原因之一，就是奶奶的招牌點心──一口香香酥酥的炸馓（ㄙㄢˇ）子，原以為那是今生都再也吃不到的回憶，但是在這不起眼甚至有些簡陋的小店面裡，竟讓我吃到這充滿思念的味道，不過很多看倌恐怕已經滿頭問號甚麼是馓子啊？請讓我鄭重介紹。

馓子是一種細如麵條並且扭成環形或是柵欄狀的麵食，油炸後食用。據傳一千四百多年前就有馓子了，盛行於回族、新疆等地區，逢年過節、婚喪喜慶都少不了馓子，金黃亮潤的色澤很是討喜；雖然感覺很簡單，但是吃起來卻有好多滋味。

記得小時候，廚藝精湛的奶奶學會爺爺的家鄉味，總是會把這種像是柵欄，吃起來鹹鹹香香的馓子給我們拿來當點心，每次回去探望都能帶回一大包，這成為我去看奶奶的動力之一。後來在東吳大學城區部讀書時，一走到咸陽路，連著幾攤賣細細環狀的馓子，吃起來沒有奶奶的馓子豪邁，但是爽脆的口感更加細膩，而且這還可以用烙餅把馓子包起像是手卷一樣抓在手上，有時候下午「巴肚么」時來上一份「馓子烙餅」，簡單又有飽足感。一直到現在，我還是很愛這樣的中式下午茶，只是來到南崁，胡同彭家老鋪開啟了我的馓子新篇章，原來馓子可以沾熱湯吃。

新疆姑娘的胡同麵鋪

在胡同老鋪掌勺的，是一位來自新疆的姑娘──張峽。民國八十七年從遙遠的新疆嫁來台灣做媳婦，

根據《本草綱目》記載：「寒具，即今馓子也，以糯粉和麵，少入鹽，牽索紐捻成環釧之形，油煎食之。」哈哈！其實當我找到這了不起的資料時，我最訝異的是《本草綱目》還有這樣的油炸物啊，可見它有多與眾不同！

懷著濃濃鄉愁的她，和不久後來台依親的弟弟，開起了小麵鋪──胡同彭家老鋪。這店面說來真像胡同，小到幾乎讓人忘記它的存在，招牌也只有小小一塊，不過上頭寫的「天然發酵」卻是一點不假。新疆大妞說這食物是做給人吃的，怎樣都要吃得健康，因此胡同裡所有的麵食都不添加發粉，全部都是以自己釀的酒釀發酵；每天發麵，做麵條、饢子、包子或花捲。而說到用料和分量，那可就是徹底展現新疆人的豪放和爽快。

　　一道招牌羊肉拉麵，麵糰已經繞成麻繩一樣的同心圓，客人現點現拉出麵條，要寬要細客官可以自行選擇，一碗麵端上桌還附一隻吸管，原來不僅有好幾塊帶皮羊肉，還有一大根羊膝，那吸管是為了讓客人吸羊髓，搭配羊骨熬成味濃卻清澈的高湯，吃了真有種奔馳在草原上的活力和快感。若是人多一點可以再來碗牛肉饢子，牛骨加上蔬果熬成的牛肉湯，灑下幾粒翡翠般的青蔥，湯頭的鮮美立刻昇華，醇厚有勁，真正色香味俱全。當然，一旁好幾圈的饢子，我自己喜歡保有絕大部分的爽脆感，所以不能泡在湯裡太久，趕緊搶救起來咬一大口，帶了牛肉湯那些許燙口又溫潤的饢子有點像是日本沾麵，把精華一次盡享，真的是一絕！

孜然、花椒硬是要得

　　每天在鋪子前許多人還等著限量的芝麻包子、新疆長壽包和花捲，因為用酒釀發麵，因此除了麥香之外還帶著淡淡酒香，那天然的香氣很容易讓人陶醉，因此跟饢子一樣，要吃還得先打電話問一下今天還有沒有得買，否則常常剛出爐就賣光，不過還有些饕客來到小鋪子衝得是特製的辣椒醬！

　　張峽把新疆最善用的香料全都帶來台灣，胡同裡的辣椒醬除了常在鋪子外曬太陽的辣椒之外，還添加了七、八十種天然香料，其中花椒和孜然這兩味深得我心。一般店裡的辣椒不是辣到嗆死人不償命，要不就是打死賣鹽的──鹹到舌頭都麻痺了；但是胡同的辣椒醬卻辣得很舒心，花椒溫和的麻辣和孜然的天然香氣，紅紅一小匙，添香又增色。更特別的是這還有沾羊肉或牛肉的分別，羊肉要配孜然，牛肉得要花椒。這新疆姑娘雖然豪爽，對於吃這檔子事還是細緻的讓人喜出望外。偏愛麻辣口感的朋友千萬別錯過，這裡提供的外賣服務也是一大福音啊！

　　品味著小鋪裡的異族風情，要離開時抬頭望了望菜單，除了饢子之外還有白川丸子、長壽肉、長壽包，都沒肚子嘗。可以肯定的是，下回到了桃園我一定會回來把它們都吃光光！

桃園擁有豐富的觀光資源，離台北又近，可以說是台北的後花園，不論是到小粗坑古道賞景登山、還是到茶園體驗採茶趣，都是我們很喜歡的行程，特別是桃園還有許多美味小吃、特色餐廳，以三坑老街的客家菜包、牛汶水來說，就是觀光客讚不絕口的味道，也是遊子念念不忘味道，如果家中有毛小孩，也別忘了去ㄚ狗ㄚ喵寵物餐廳走走，讓家中的毛小孩，也能悠閒享受午后時光。

龍潭福源茶廠

　　台灣人愛喝茶，而台灣茶的起源於台北、桃園、新竹、苗栗，也稱為北茶，來趟北茶之旅會覺得受益良多，因為可以採茶、品茗、還能了解茶葉文化，不想錯過的話，還可以到龍潭的福源茶廠，戴上斗笠、揹上竹簍，體驗一日採茶姑娘，感受一心二葉的呵護有多花功夫。除了採茶菁之外，也能參觀將近百年的福源茶廠，它生產紅茶、紅玉、東方美人茶、酸柑茶，製茶經驗相當豐富，有著傳承五代的技藝，茶廠內大大、小小的製茶機器，也見證著台灣茶葉歷史的興衰，感受南糖北茶曾經的繁華，走一趟收穫滿滿。

🏠 桃園市龍潭區凌雲里39鄰竹龍路590巷56號
📞（03）479-2533

龍潭三坑老街

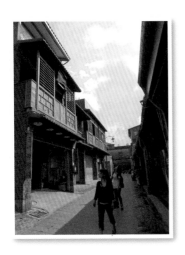

　　龍潭三坑老街裡，到處可見老舊的招牌、斑駁的磚瓦，老街味道濃厚，它曾經有著龍潭第一街的美名，所以短短的三百公尺，走一趟依舊能感受它曾經有過的熱鬧繁華，雖然熙來攘往的轉運功能不在，但褪色後的老街，經過包裝，也成了許多遊客喜愛的觀光景點，因為裡面的有得吃也有得玩。吃的盡是道地的美味：有客家小點牛汶水、客家菜包、傳統豆花、客家美食，每間小店各有特色，如果想要更了解三坑子這個小村落之美，還可以租輛腳踏車、沿著鄉村小徑盡覽美景。

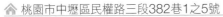

🏠 桃園市龍潭區三坑村

桃園富田花園農場

　　水晶教堂耶！無可救藥的浪漫主義驅使我一定要推薦桃園富田花園農場，在這夢幻的水晶教堂坐落在水池中央，白天時是絕佳的外拍景點，到了夜晚換上七彩燈光的嫁衣更是幸福滿分；這裡讓小人兒也都著迷，因為農場裡可以餵雞鴨鵝，山羊、麝香豬，可愛動物代表小兔子、鴿子也都有，另外池塘邊還能餵鯉魚呢！時不時親近人的草泥馬也會驚喜現身跟你走一段。

　　這裡好幾片大草地上都有藝術地景設計，鋼琴很浪漫，小熊很可愛，超大桌椅讓我們一下子變成小人國，雖然目前門票是每人一百二十元，但是可折抵園區體驗活動一項或抵消費五十元，像是可以騎馬滿吸引小朋友的，在這不僅可以用餐可以親近生態，天氣好時是可以消耗一個半天的悠閒時光。

🏠 桃園市中壢區民權路三段382巷1之5號

📞（03）426-6987　　☕ 9:00～18:00（餐廳週一公休）

南美村ㄚ狗ㄚ喵寵物餐廳

　　毛小孩的魅力凡人無法擋，身為毛小孩自衛隊的我一進入南美村就特別自在，尤其是遇見鎮店之喵—咪兔、球咪，咪兔當天慵懶的蜷在餐廳的大椅子上，很親人，但是客人帶來的狗喵王不見王，各自盤據一間房，以免發生衝突事件。

　　最重要的是南美村的主人自己也是中途之家的狗爸喵爸，當初在開闢南美村時就是希望這裡的收入能讓他長久支持浪浪的TNR計畫（捕捉、結紮、原地放養），這塊園地能永遠作為毛小孩的暫時避風港，也讓更多人體會認養代替購買的重要性。

⌂ 桃園市龜山區南美街56巷27號
☏（03）212-7080 ☕11:30～22:00

怡潔

點餐時專屬於毛小孩的餐點道道可口不說，愛喵人士若是點拿鐵鍋或是飲料更會驚聲尖叫，因為3D立體的喵喵拉花真的會讓人喵～喵～喵！

龍潭小粗坑古道

　　小粗坑古道全長約二公里，它原本是日據時代的一條牛車路，經過當地居民重新整理之後，它變成了一條綠樹成蔭、自然生態豐富的旅遊祕境。客家伯公廟，是小粗坑古道的入口，沿著古道走，來回九十分鐘，有人特別來捕捉幽幽小徑之美；也有人特別來健身爬山，走一趟呼吸芬多精、令人心曠神怡。

⌂ 桃園市龍潭區高平村粗坑2鄰

小烏來瀑布

　　別羨慕大峽谷skywalk的無限風光，就在桃園也能小小體驗一下，位在桃園縣復興鄉，二〇一一年七月，小烏來風景區的天空步道正式對外開放，寬二公尺、凌空伸出十一公尺，距溪谷高度大約七十公尺，底部由強化玻璃建造。

　　雖然說沒有大峽谷的氣勢磅礴，但是也算是國內第一次有這樣的體驗，尤其是小烏來瀑布屬「斷層懸谷型」瀑布，瀑布分為上中下三層，以溪水突遇斷層陷落直墜五十公尺下深潭的中層瀑布最為壯觀。不過小小提醒，因為實在太熱門，如果不想人擠人，就起早去享受晨曦拂面不受打擾的幸福。

⌂ 桃園市復興區義盛村下宇內3-2號（小烏來山莊）

☎ （03）382-2877

新竹

CHAPTER 3

風城傳統滋味

新竹在清代時就是北台灣的文教中心與發展重鎮，即使如今已成為新興的高科技產業中心，不少在地店家仍延續著優良的傳統，也力求與時俱進。乘著九降風遨遊新竹，一起品嘗風城的傳統滋味！

尊煌中式餐館

古趣盎然的經典客家菜

⌂ 新竹縣竹北市縣政六路
　42號

☎ （03）553-8600

☕ 11:00～21:00

$ 老菜脯燉雞580元
　（須提前一天預定）
　客家小炒260／360
　元，招牌控肉360／
　460元

因著採訪走進風城，新竹縣府前的四線道有著筆直寬敞的大器，沿著涼爽樹蔭往前行，路旁突出的紅瓦屋簷下，四片木門卻挑高矗立，隱隱古意中有著簡約禪意的現代感，憑著記者的直覺就這樣第一次走進了「尊煌」。

老味道新裝潢，打造人氣樂活餐廳

雖說是客家餐館，但是從進門的第一刻起，就有耳目一新的感覺。推開扎實的紅檜木門，先看到的接待櫃檯，就是古裝戲裡才有的小格子木櫃。斑駁的木皮沒有太刻意的整理，因為時光的軌跡已經是最好的裝飾，讓人很想把木格子一個一個打開，慢慢聽著光陰的故事。不過，只怕這一屋子的古物，有著說不完的故事。

一旁偌大一張古床，幾面石板襯著一抹小松綠意，沒有為了入席率把整個空間刻意占滿，反而讓光影在窗棱屏風間流轉，即使靜靜坐在屋內的一角，也能享受晨昏晴雨、四季風情。當然擺擺pose拍幾張照片這是一定要的，走進尊煌的前五分鐘很容易就忘記這裡是一間餐廳。

也的確，尊煌其實是一間已經有十五年歷史的老餐廳了，第一代老闆，老公愛客家美食，老婆愛古董古玩，讓尊煌一開始就有著慢活、樂活的底子；但要說起它徹底改變，成為新竹人心中的人氣餐廳，得要從他們的掌上明珠出嫁、學餐廳管理的女婿加入尊煌開始說起。

大飯店等級的堅持，抓住顧客的胃

三年前，三十歲的小老闆把內裝打掉重新裝潢，把菜單換過重新設計，連

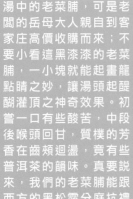

湯中的老菜脯，可是老闆的岳母大人親自到客家庄高價收購而來；不要小看這黑漆漆的老菜脯，一小塊就能起畫龍點睛之妙，讓湯頭起醍醐灌頂之神奇效果。初嘗一口有些酸苦，中段後喉頭回甘，質樸的芳香在齒頰迴盪，竟有些普洱茶的韻味。真要說來，我們的老菜脯能跟西方的黑松露分庭抗禮可一點也不為過啊！

服務生小老闆都親自面試，重新僱用，餐廳成了翁婿間的互信試煉場。小老闆坦承兩代間曾經暗潮洶湧，他只好把心中的夢想具體化，與街角的泰式連鎖餐廳瓦城比肩，成為他對上一代的允諾；當然，能不能像瓦城一樣，他也不免忐忑，還好第二個月繳出的成績單，數字會說話，已經小小賺錢囉！

顧客的捧場其來有自，因為尊煌從菜單到服務全面年輕化，唯一不變的是客家菜最吸引人的在地食材以及真材實料。這一點，曾在多家大飯店服務過的小老闆十分堅持，他總說：「餐飲是良心事業。」

像是尊煌的雞湯，沒有預訂，就算有錢你喝不到，因為每一盅湯都是當天一早開始慢火熬煮，少說也要四、五個小時以上，才能端出廚房的門。更不用說餐廳裡的人氣湯品——老菜脯燉雞湯。新鮮採買的烏骨雞，和至少二十年以上的老菜脯，經過文火慢燉，湯頭也逐漸呈現溫潤的琥珀色，味道層次漸遞清楚，有說不出的好滋味。

招牌焢肉＋客家小炒，不可錯過的感動滋味

說到客家餐館必點的焢肉，請先把油膩膩的畫面拋開，尊煌的焢肉用的可是黑豬肉，加上老闆無法透露的獨家醬料，以慢火轉文火，將肉汁和醬料的精華完美結合。

經過我不斷探詢，老闆終於透露了一點：尊煌焢肉好吃的關鍵，是不上蓋的烹調方式，這讓焢肉吃起來只有Q彈口感沒有油膩重鹹，也可說是人人必點的鎮店之菜。

不能不點的還有客家小炒，看似簡單的魷魚、肉絲配豆乾卻是小老闆口中最要用心的一道菜，一般餐館都能點，但是未必能入口，因為往往太鹹又不香，小老闆說尊煌的客家小炒可以說是試菜試得最辛苦的一道菜，因為他心目中的客家小炒最重要的是魷魚，魷魚可以說是客家小炒的靈魂，太硬咬不動，過油又太軟，要炒出那媽媽的味道，才能彰顯客家小炒平凡卻又不凡的口感，光聽都要掉眼淚了，品嘗一口更讓人忍不住灑花又灑花、轉圈又轉圈啊！

綠色小徑

世外桃源中，品嘗最真心的美味料理

🏠 新竹縣芎林鄉華龍村7鄰
　 鹿寮坑166-7號

📞 (03) 593-5765

☕ 11:00～18:00
　 （週一公休）

💲 麵包濃湯110元，哈嘎豬
　 肉披薩160元，小徑招牌
　 窯烤土雞990元

循著火金姑的點點燈火，我們走進了最美的賞桐季節。五月的竹東，山林裡還有些涼，偶而的微風卻帶來狂喜，雪白的桐花回旋起舞，輕輕灑落一地，但這一趟行程的視覺饗宴可是延續到夜晚，滿山頭的螢火蟲讓都市的孩子像是走進人間仙境，更讓人意想不到的是，在這深山的一隅傍晚竟散發出充滿異國料理的迷人香氣。出發吧！火金姑像是小小旗手，正向我們召喚著這一趟初夏小旅行。

蜿蜒小徑的驚喜

　　上山的旅程像是在樹叢裡探險，因為這段新竹的產業道路，兩旁的綠樹每一株都像在比賽，不僅向天際爆衝，還猖狂的宣示著自然主權往橫向發展，於是我們得順著連會車都困難的羊腸小徑往前開，好幾次都以為已經迷路了，還好這裡有個很可愛的名字——鹿寮坑，讓我們每每在轉角的地方期待著小鹿的蹤跡，也消弭了不少找路的焦急感。終於，在山路蜿蜒處，一大片綠草地和小屋的出現讓我們想要興奮狂叫，因為這就像是旅人在深山中的救贖。

　　「事實上就是這樣的『遠離塵囂』，一開始連供應商都不願意送食材上山！」年輕的餐廳老闆陳盈真靦腆的說著。事實上這塊山林裡的寶地，是老爸很久之前就買下的，原本是喜歡這裡的純天然少人煙，偶然的機緣想和大家分享這無價的優閒，為了幫老爸圓夢，在國外念書的盈真和妹妹兩人回國效力，卻沒想到因為遠距離，在餐廳的籌備期，好不容易找到符合標準的供應商對方卻不願意大老遠送貨，讓她著實吃了不少苦頭，這對才二十七、八歲的年輕小女生來說可

> 烤雞入口的瞬間當真讓人心醉，歐芹的清新和俄勒岡的柔情開始瀰漫在空氣中，還有那莎士比亞歌頌的迷迭香，真如對白裡說的「迷迭香是為了幫助回憶，親愛的，請你牢記。」綠色小徑的巧思真令人讚嘆！

是不小的挑戰。還好爸媽全力支持也完全信任，再加上本來就喜歡烹飪，經過拜師學藝，招兵買馬，小徑終於綻放綠色生機，開張了。

在地化的歐風美味

　　室內以原木為主軸的質樸空間，溫暖著山中的鹿寮坑，而一旁吧檯裡的磚造窯，不僅讓屋內的溫度更舒服，還時不時傳來麵團香。有時伴隨Pizza的隨性，或是和著手作麵包的滿滿心意，每天現烤，新鮮聞得到！挖空的麵包皮變成湯碗，一碗熱湯喝完，還能品嘗外酥內軟的麵包皮，讓人吃到渣渣都不剩。因為地處客家庄，這裡的Pizza口味也很在地化，推出了用了客家鹹豬肉的「哈嘎Pizza」沒想到中餐西吃也很受到好評。

　　一定要用力大大推的是小徑的招牌窯烤土雞，份量不小，適合三四好友或是一家四口一起享用，一整隻土雞在磚造窯的高恆溫下，雞肉的湯汁迅速被

鎖住，烤得剛剛好的金黃外皮，酥脆爽口，一口咬下，得小心點，因為湯汁還燙口呢！一旁烤鮮蔬的五彩繽紛，薑黃飯更為健康加分，重重的驚喜構築了烤盤上的歐式風情，讓人牢牢印記在心，想忘都難。當然，好味道得要下功夫，老闆說要品嘗烤雞可得在兩、三天前先預約，跟著訂單準備的食材才最新鮮。

漫天火金姑 × 朗朗童聲＝螢光閃閃的仙境

這一晚，晚餐後還有重頭戲，要趕緊走出小屋，往一旁的山間小路徐徐前進。大夥壓抑著雀躍萬分的心情，一路上聆聽著小徑人員替大家做的勤前教育，細數火金姑有點膽小，愛乾淨，很怕光，不喜歡吵雜……等等等等的特性。說著說著，時間已接近晚間七點，螢火蟲就像是小學生上課一樣準時出現，點點螢火慢慢把我們包圍其中，好像做夢一樣。

有一說：螢火蟲天黑以後開始尋偶交配，找到情人以後，就會去交配了，所以時間愈晚，找不到愛人的螢火蟲愈少，因此這時候正是高峰期，孩子們雖然興奮但是也不敢打擾這群小嬌客，小小聲的唱起了：「小小螢火蟲，飛到西又飛到東，這邊亮，那邊亮，好像許多小燈籠～」這樣充滿童趣的夜晚，有著最純真的旋律相伴，有著最真心的料理佐餐，真是千金難換。

香村花園

阿婆的炸豬腳，吃過都說讚

孩提過年時的豬腳全餐，客家阿婆用巧思烘托，飽滿的豬腳，滷進童年記憶，炸出客庄滋味，成就了黃金豬腳的酥脆，它有著邱垂恩滿滿回憶，也成了饕客難以忘懷的美味料理。

第二代接棒，傳統料理創意上菜

台三線上，有許多隱藏版的美味料理，而位在關西的「香村花園餐廳」，雖然地處偏遠，但有很多遊客慕名而來。先來說說餐廳，叫做花園餐廳，一定得要有個花園，裡頭種植相當多的花花草草，環境相當清幽。而菜餚為什麼值得推薦？滿滿一整桌，都是道地的客家菜，客家小炒、薑絲大腸、梅干扣肉、酥炸豬腳、他們的料理有著創新跟傳統融合的幸福滋味。

令遊客口齒留香的「酥炸豬腳」，其實是第二代老闆孩提記憶中的家傳美味。第二代的邱垂恩接下父母經營的餐廳，架網站、設粉絲團，用新手法包裝老味道，也再度打響三十年老店的名號。而除了有傳統味之外，他還設計新菜單，像是粉腸，一般就是沾醬油，但他把粉腸跟客家桔醬結合，不但酸酸甜甜還很養生，一樣也是大獲好評。

把餐廳經營的有聲有色，但邱垂恩並不是一開

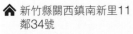
新竹縣關西鎮南新里11鄰34號

(03) 587-7940

10:00～14:00
17:00～21:00

合菜3500～5000元

始就願意傳承家業，他說以前年輕氣盛，愛玩不愛念書，而高職念夜間部，白天被老爸逼迫在家拿鍋鏟，手拿菜刀，有萬般不願意，但畢業在外面晃了一圈，不能忘情家鄉料理，所以二十八歲回鄉，正式變成自家餐廳的大掌櫃。

阿婆炸豬腳，香Q彈牙

邱垂恩一邊替我們切開美味豬腳、一邊跟我們聊聊他的童年過往。他說：「以前逢年過節才會殺豬，一頭豬得要吃好幾天才能吃得完，尤其客家人的精神是勤儉不浪費，一餐吃不完，一定會留到下一餐，為了吃不膩，聰明的奶奶用各種烹調方法料理豬肉，滷豬腳、汆燙豬肉吃膩了，老奶奶改用『炸』的！沒想到好吃的不得了。」結果這道「阿婆的炸豬腳」不但是家人最愛的一道菜、也成了店內的招牌菜；所以對他而言，這也是邱奶奶留下來的好味道。

油油亮亮的炸豬腳，令人垂涎三尺，作法相當繁複。首先挑選三斤以上的豬腳，先下鍋滷，為了讓豬腳有著無法代替的香氣，邱垂恩用老滷汁來滷豬腳，這種客家的老滷汁，已經滷了二十年，又鹹又香。悶煮三小時後，豬腳吸飽老滷汁，才能進鍋油炸。沐浴在炸粉中的豬前腿，已經富有彈性，而進鍋炸成金黃色，外皮更酥脆。炸出來的豬腳，不油不膩、香味四溢，這還沒完！炸好之後還得進蒸籠，因為豬腳有肥有瘦、蒸過之後，肉質就會軟嫩不油膩，而且滷汁的精華，也會鎖在豬腳裡。因為豬腳本身多汁、酥脆，不會覺得柴、更沒有一般滷豬腳死鹹的問題，吃過的人都說讚！

香村花園有許多美味佳餚，最令人難以忘懷的就屬「酥炸豬腳」。香村花園的酥炸豬腳，是我們辦公室過年過節一定會團購的美味料理，因為豬腳外酥內軟，口感與眾不同。

大樹茶屋

天然系廚師的無菜單家鄉味

🏠 新竹縣寶山鄉三峰路一
　　段249巷5號

📞 (03) 576-9020

♨ 採電話預約

麻油雞不是什麼大菜,但是寒流報到時人人愛它,女生坐月子少不了它,更別提夜市裡著名的麻油雞不僅攤位前總是大排長龍,分店還一家一家開,就足以證明台灣人真的很愛這一味,就算沒特別理由也想來上一碗!俗話說「入寶山豈能空手而回」,而來到新竹寶山,這裡的寶藏之一就是大樹茶屋的麻油雞,不但擁有許多死忠的「雞粉」,更研發出了冷凍包,冰得越久越好吃,沒聽過吧?

旅日鄉思，回到寶山翻轉幸福

進入大樹茶屋前，會先經過三峰鄉的「阿爐土雞」，這塊老招牌是阿公和媽媽那一輩打下的基礎，但是對於茶屋主人溫慶樑來說，卻從來沒有念頭要接棒，直到去日本工作了七年後。

在日本時，溫慶樑對媽媽的拿手菜——麻油雞，朝思暮想，但是在那雞也不對（飼養方式導致肉質不同）、油也不對（榨油方式），怎麼樣都做不出媽媽的味道；他總想著：「有一天一定要研發麻油雞冷凍包，讓遠在異鄉的遊子也能一解鄉愁。」說是如此也沒實際行動。

旅居日本期間，溫慶樑遇到生命中的另一半，娶了日籍妻子；沒多久新生命接連報到，而三個小傢伙的出生對溫慶樑來說，是一種生命的責任。為了給孩子單純的成長環境，二○○六年，溫慶樑毅然決然帶著一家大小回到自己最熟悉也最單純的故鄉——新竹寶山。為了完成夢想，溫慶樑可以說是全心全意，他給自己取了個饒富客家硬頸精神的綽號「牛媽樑」，以兒子的名字「大樹」，打造了大樹茶屋，他要翻轉幸福。

身兼數職，研發冷凍包打響名號

幸福的來源之一，當然就是終於可以一解嘴饞，就近吃得到最愛的媽媽牌麻油雞。在山上菜自己種，放山雞自己養，麻油更是傳統手工榨取的純麻油，以媽媽阿爐土雞城的功夫為基底，用最古早客庄媽媽的方式，做出古早味麻油雞。

冷凍包也是依循古法，一隻一隻的熬煮，每包售價因為雞隻大小而不一，讓雞粉們越吃越安心，短短時間已經在竹科打響名號。說來這也算是意外的收穫，因為茶屋還有許多牛媽檪的夢想。

不同於市面上大鍋煮的方式，大樹茶屋的麻油雞可是隻隻分明，用黑麻油爆香老薑片，火候拿捏恰如其分才不會有苦焦味，然後一鍋一隻雞，翻炒到稍微上了金黃色，加入米酒以小火慢煮到酒精揮發，只剩酒香，放山雞鮮甜富彈性的肉質，再裹上麻油色澤和米酒香後，入口已經銷魂，再喝一口麻油雞湯，全身都是暖意。

不過牛媽檪聽客家老媽的話，不做懶惰的人，生為寶山人，他平日就是寶山生態解說員，寶山的綠金──綠竹筍，他可以變出餐桌驚奇；而日本十年生活經驗他也不想偏廢，考了導遊證照，時不時也出國帶團，身兼多職的他常常做空中飛人，隨時隨地想吃麻油雞時怎麼辦呢？如何一解麻油雞的癮頭，成了催生麻油雞冷凍包的動力。

為了讓麻油雞不因為冷凍而走味，牛媽檪從十天、一個月、三個月試到六個月的存放期，試了一年後上市，結果死忠顧客來茶屋用餐後，買了冷凍包回去，回饋竟然是「比現場吃別有一番滋味」，細究之後才發現：原來是因為雞肉、麻油以及米酒相處時間更久，已經合而為一，更加入味！

用愛烹調，健康料理讓人吮指回味

大樹茶屋對牛媽檪來說，除了是送給兒子當作禮物，也是給自己一個新的起點，裏頭蘊藏的對孩子對妻子的愛。茶屋就在土雞城下方，融入客庄景色的紅磚屋建築加上挑高的小心思，讓空間感更舒爽；用餐區更可愛，像屋主夫妻一般客日綜合的裝潢，和風木質地板搭配傳統客家磁磚，日式簡約、客家濃情的溫暖空間，足以容納一台遊覽車的客人。

為生命中的最愛打造健康純淨的環境，也把這空間開放給有緣的朋友。為了讓週遭環境休養生息，也為客家人說的「靠山吃山、靠海吃海」，大樹茶屋提供的是無菜單料理，看園子裡有什麼菜就吃什麼菜。像是一道涼拌木耳清爽開胃，上菜時不忘把園子裡的小辣椒拿來點綴添色；而福菜桂竹筍也是入味又下飯的客家經典菜餚；滷豬腳的軟爛、高麗菜捲包裹著鮮蝦、豬肉、鹹蛋黃的黃金比例，甚至甜點的寒天黑糖豆花，每道都讓人吮指回味。

茶屋飄香，更有星光加持

來到茶屋，當然也要品嘗一下這裡的茶。為了喝到有桂花香的茶，牛媽樑取經日本，在以女兒命名的「小泉花園」裡，用桂花樹包圍茶樹，堅持無農藥的有機栽培。他相信只要有心，在喝下第一口茶時，就會有八月桂花香。奇蹟就此發生，這種牛媽樑茶還真的口口有清香！這份用心也是他送給女兒的禮物。

而阿爐土雞經典的白斬雞、麻油雞、燒酒雞，也在大樹茶屋繼續飄香，有時還有星光加持。原來早期不知賺了多少人眼淚的「星星知我心」裡出演小彬彬的溫兆宇，就是牛媽樑的姪兒，當牛媽樑去生態導覽或是帶團去日本時，小彬彬也會來這客串主廚，拿手的羊肉爐因為小小彬、迷你彬的偶然現身，吃起來更加特別。

哪天到茶屋走走吧，不過出發前千萬記得要先預約，因為這裡是農莊的作息，營業時間以太陽為計時基準，日出後三小時開始營業，至日落後一小時打烊，無最低消費額的規定，也不收取服務費。一切自然就好。

樸食山坊

中醫師的創意養生料理

🏠 新竹縣關西鎮錦山里12
　　鄰錦山138號

📞 (03) 547-8787

🍵 12:00~15:00
　　18:00~21:00
　　（週一公休）

💲 套餐每人1250元

到新竹關西的馬武督森林樂園，就會看到一個
很特別的招牌，上頭寫著「中醫師親自監製的
創意養生料理」。到底中醫師調出來的料理，
是什麼模樣？會是中藥苦口？還是枸杞大餐？
全素？頭頂冒出許多問號，實在太吸引我了，
所以立馬預約，老闆說他們有葷有素，而且結
合美食山水禪風，去了之後，真的覺得很有身
心靈放鬆一下的FU。

六年用心規畫，推廣健康飲食

　　二十年前從商又從政的林文禮，因為工作忙碌忙壞身體了，為了健康著想，他決定買塊地、買塊田，過過田園生活，自己種菜、享受山林之美，慢慢的也想要跟大家一起分享他眼前的人間淨土，所以跟好友，也就是中醫師邱聰惠合作，打造自己心目中的養生禪風餐廳。林文禮：「那時候是身體叫我要歸隱山林了，因為那時候的工作實在是太忙碌了，三餐不正常，又常常應酬，所以身體就要求我要休養生息，每天就只是種菜、爬山，現在身體年輕十歲吧！」

　　他們在六年前開始「樸食山坊」的開店計畫，但到了二〇一五年餐廳才開幕，花了這麼久的時間，為的就是要把餐廳做的最好，光是菜單的設計，就是一門大學問，因為要符合色香味俱全，又不失營養均衡，所以他們決定，他們的料理絕對不過份烹調，只用天然的醬料來增味、添色，一定要讓大家吃到食材的原味。邱聰惠：「我是中醫師，看到大家來求診，很多人都因為外食習慣不好，弄壞身體，我是醫生，只救人不害人，所以我覺得要推廣一種健康飲食的概念。」

搭配醫理調製，吃得安心更開心

　　林文禮說：「食安風暴之下，大家食不安心，所以就想開一間餐廳，讓大家可以安心吃飯、安心喝茶、也希望提醒大家記得慢活過生活。」飯菜還沒上桌之前，林文禮希望客人先用鮮花淨水洗手，因為洗淨雙手的同時也代表洗滌繁雜的心靈。洗完手之後，店員端上桌的茶跟水果優酪，也讓我的心不斷灑花旋轉。水果優酪是奇異果、葡萄、香蕉打出來的果汁配上無糖優格，可以幫助腸胃蠕動，一口喝下美味又養生。而養生茶是中醫調製的配方，能夠開脾胃，酸酸甜甜真的是一杯接一杯。等到用完餐後，則改成一杯幫助消化的養肝茶，從茶飲、主餐、配菜到甜點，真的都是中醫師精心調製。每一道上菜的料理，不但裝盤講究，還會附上一張小卡，告訴饕客們用的是什麼食材，食材本身又有什麼好處。以「鮭魚沙拉」來說，鮭魚可以提高免疫力、預防慢性病。而「干貝蝦鬆」的干貝能提高免疫力，是優質蛋白質，苜蓿芽則是養顏美容、預防心血管疾病。

　　標榜中醫師調製，但海鮮蝦子的份量也不少，很多人會問？蝦子太多，不

走進餐廳會發現別有洞天，裡頭就像一個禪風博物館，而擺設全是老闆自己的收藏品，禪風、混搭輕柔的音樂，這一刻覺得「愜意」是唯一的生活節奏。

會擔心膽固醇太高嗎？邱聰惠：「不用擔心，因為蝦子只要去頭去卵，其實是低膽固醇的高蛋白質，可以預防骨質疏鬆，另外我們還有一道咖哩焗烤鮮蝦，咖哩是辛香料，它還可以燃脂，整份菜單用的食材，都是我精心挑選。」林文禮接著補充：「我們的海鮮都是趁新鮮時，就直接用零下五十度保存，無菌處理，從漁港直送，保證新鮮。」

養生兼顧色香味

餐點裡頭也有肉，是宜蘭的櫻桃鴨，這也有學問。邱聰惠：「因為鴨肉是紅肉、補血又含有鐵質，是優質的蛋白質。」要求很高的還不只這個，他們的醬油是手工醬油，而擔心食安問題，所以油

我發現一整套套餐吃下來，會覺得蔬菜量真的很多，而且他們連擺盤的洋蔥、苜蓿芽都是可以食用的。不論是蝦肉、鴨肉、還是鮑魚，每一道料理都好像藝術品，不只好看、好吃，重點是少油少鹽很養生。

品選用進口的橄欖油。

　　一道接一道不用怕吃不飽，因為還有這個薑黃紅麴咖哩飯，邱聰惠：「十穀飯為基底，薑黃可以防癌、提升免疫系統、紅麴則能預防心血管疾病、咖哩更是能夠改善血液循環。那沙拉用的是香濃的百香果調製的醬汁，絕對不是化學醬料。」吃完這些美食，不會覺得負擔很重，而且反而覺得自己上了一堂營養學。林文禮：「大家都忘了，吃東西應該是吃身體需要的，不是吃自己想要的，不要只想滿足口腹之欲，也記得要吃的健康。」

　　邱聰惠：「我本身很喜歡健康美食，平時也會跟藍帶學院的朋友交流，所以我知道養生，也可以好看又好吃。對我來說，餐桌也可以是一個很繽紛的舞台。」

煎藥取精華，中式食材也能法式烹調

　　無菜單的料理當中，中藥雞湯可是一大招牌，看看裡頭有二十幾種中藥，是邱聰惠特別調製，另外，還加了蓮藕、山藥等養身食材，特別的是，要讓中藥發揮功效，業者可是先煎藥，再以原汁拿來熬。邱聰惠：「把中藥先煎過，才能真的萃取到其中的精華，之後再拿來燉土雞，才能讓中藥的效果完全發揮，而土雞是我們精選的安全雞肉，絕對養足二十二週，要求體內不殘存抗生素。」

　　台大外文系畢業的邱聰惠，原本只想到處流浪，做個旅遊作家，沒想到巧遇貴人建議她學中醫，結果行醫一轉眼二十年，現在她把自己最愛的工作跟美食結合，是創舉、也是夢想的延續。邱聰惠把中式食材，做的就像法式料理，「法式中烹」的概念，讓上門的民眾可以藉由品味美食來養身，而對我來說，這裡不只可以養身、還能養心，因為這裡的環境單純靜美，可以洗滌心靈的喧囂，或許這也是我愛上這個地方的原因吧！

關西仙草博物館

全台獨家的仙草大餐

天地餽贈的草本，清爽了雞湯的口感，舒爽了炎夏的悶熱。經年累月的況味，在熱氣蒸騰裡，氤氳著仙草香氣。

🏠 新竹縣關西鎮中豐路二段326號

📞（03）587-0058

☕ 9:00～18:00

💲 仙草飯寶套餐200元
（附雞湯）

達人鍾永熹，打造仙草博物館

　　新竹關西的仙草，佔全台產量的八成，所以被稱為是仙草之鄉，因為盆地能夠聚結霧氣、氣候佳再加上土壤排水性強，才讓關西仙草全省聞名。而鍾永熹打造的仙草博物館，不但有仙草園、仙草製品、還有仙草套餐，應有盡有，另外，博物館還提供導覽解說，讓大家可以更了解仙草生態。

　　老闆鍾永熹，一邊走一邊介紹仙草，還歡迎大家動手搓揉體驗。「如果你把這個葉子把它採來，你把它揉一揉，就是有植物膠質，黏黏的就像強力膠，有點像強力膠的黏性，這就是仙草的植物膠質。」大家跟著他的腳步，動手摸一摸充滿植物膠質的仙草，原來仙草不像香草，它沒有特殊的香氣，但卻能美顏養生。

　　仙草一年只採收一次，但曬成仙草乾之後，只要保持乾燥，就能存放一到十年，隨時可以取用。仙草乾儲存一年以上，就能煮出香味濃郁的仙草茶，也可以變成仙草凍。鍾永熹：「仙草除食用之外，根據各種本草書籍的記載，它也有保健功效，可清熱解毒、治中暑、感冒、高血壓、肌肉、關節疼痛。」

　　對仙草的特性瞭若指掌，鍾永熹會變成仙草達人，主要是因為小時候家裡很常吃仙草凍。回憶當年他說：「農耕活動量大，仙草凍就成了填飽肚子的副食品，不但清涼消暑、有飽足感，重點是不用花半毛錢。」因為以前家裡種田，田梗裡就會有野生的仙草，插秧之前，得先把仙草拔除，小時候拔仙草，就是他的工作，而仙草收成，曬成乾隨時可以取用，熬仙草茶、仙草凍這是先人留下來的智慧，但他則發揮創意，讓仙草變化出一整桌的美味料理。

仙草凍DIY調製教學
團體每人150元，調製完成，每位
均可帶回約1.3斤自製仙草凍(包含
仙草的種植、採收、保存、使用、調製
等一系列的解說)，也會向各位介紹
本館特色產品。

炎炎夏日，在外面採訪，
總會想喝仙草茶降暑氣，
不過黑色的降火聖品常常
喝下肚，卻不知道仙草長
什麼樣？我想很多人跟我
一樣吧！但走一趟關西仙
草博物館之後，會發現原
來仙草有這麼多變化。

仙草飯堡鹹香又爽口

　　一整桌的仙草大餐，最令我印象深刻的就是仙草
雞湯以及仙草飯寶。仙草飯寶跟速食店的米飯堡很
類似，但是它的口味可是全台獨家，鍾永熹把客家
小炒包在仙草飯堡裡，會想出這樣的組合真的要給
他一個讚！先來介紹一下仙草飯寶的主角，也就是
上下兩層的米飯，它是用長米跟糯米混合，這樣的
口感不軟不硬剛剛好，而且不會因為糯米過多，對
胃部造成負擔。

　　要料理仙草飯，相當費功夫，得先在仙草汁中
浸泡八小時，接下來放入鍋裡炒到半生熟，讓米飯
可以吸收更多的仙草汁，蒸過之後才是正港的仙草
飯。不只米飯大有乾坤，連客家小炒也與眾不同。
它的客家小炒有六種食材，每樣食材煮熟的速度不
一，所以一一分開來炒，之後再合體入鍋拌炒，這
樣才能更入味。仙草的淡淡的香氣，跟客家小炒的

鹹香，碰出美妙好滋味，不但下飯開胃、仙草去油解膩，也讓吃進肚的仙草飯堡爽口少負擔。

仙草雞湯油而不膩

　　仙草乾拿來煮成仙草雞也很養生，本來想說拜師學藝之後，也要當個賢慧的廚娘，在家動手DIY，但看到繁複的手續，我想大部份的人都會想打消念頭。

　　首先存放許久的仙草乾，有許多的灰塵跟髒汙，得要清洗五遍以上，要萃取仙草的香氣還有精華，加水熬煮也得花上四小時，等到仙草汁黑到清亮，才能把雞肉放入。等到雞肉入鍋，再加上紅棗、枸杞跟熟地，熬煮仙草雞湯才正式開始。經過漫長的等待過程，等等等……三、四個小時後，仙草雞湯才能登場。

　　油而不膩的仙草雞湯，夏天吃也很開胃，因為長時間熬煮的雞肉，吸收了仙草汁的美味，所以肉質鮮嫩、而湯頭不但有雞肉的鮮甜，也有仙草的清爽。這碗鍾家家傳的好味道，成了關西的招牌。

無果膠的濃稠間，偶而鳳梨果粒的咬勁，是令人會心的驚喜。甜甜冰糖防腐，食安的烏雲下，無添加的心意，有最純淨的感動。

細心研發，保存當季好風味

　　食安風暴之下，塑化劑、餿水油，每天打開電視，都有不同的黑心食品上演。為了避免黑心毒害，我開始找尋一些無毒食品。因為自己很喜歡吃吐司配果醬，但果醬裡卻有許多化學成份，讓人敬而遠之，所以哪裡有無毒手工果醬，也成為我找尋

🏠 新竹縣新埔鎮文德路三段90號

📞 0937-581-015

☕ 網路訂購

$ 300元起／瓶

真材實料的天然手工果醬

果時醬醬屋

的目標。而范少怡的手工果醬是網路上很夯的商品，她隨著時令不同推出不同的產品，草莓季節有草莓果醬、鳳梨盛產就做鳳梨醬；還跟有機農民合作，網友都給了很讚的評價，也勾起我的好奇心。

跟范少怡約好採訪，她真的是一個很可愛的媽媽，親切又熱情。問起為什麼想要做手工果醬？她說：「在懷孕的時候，吃了有添加物的東西，會吐得很厲害，那時候就想，應該有人跟我一樣吧！再加上我喜歡吃果醬，但是果醬其實有許多化學添加物，想一想就覺得懷孕吃太多應該很可怕。我本身是讀食品科的，所以我就很認真的研究，結果發現其實不加添加物也能做出果醬。」

范少怡說她利用當季水果做果醬，每季都有新產品。不過每個人都說自己是手工，口說無憑，所以她把果醬的製作過程攤在鏡頭下。採訪的這一天，她在鏡頭面前呈現的是手工鳳梨醬，做手工果醬到底有什麼撇步？答案是：要「耐心」、「細心」、跟「用心」。

耐心熬煮果膠，自然無添加

想要消費者吃到健康果醬，所以范少怡連食材都是精心挑選，她用高雄大樹的無毒鳳梨，切成細絲狀慢慢用小火熬煮，不斷的用湯匙攪拌防止燒焦，難怪她

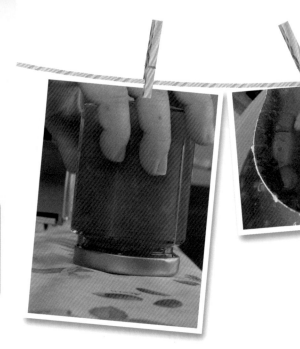

> 品嘗她親手做的鳳梨果醬，吃進嘴裡酸酸甜甜，又香又濃，很實在的味道，連果粒都能吃得到，真的真材實料。

說做果醬要有耐心，因為光是攪拌的動作就要花上二小時。鳳梨醬在熬煮的過程沒有加入一滴水，她說會加的只有天然防腐劑也就是冰糖，她絕對不用化學添加物。

范少怡：「基本上，我們的果醬只有水果跟糖，那它的黏稠感是來自水果自己本身的，我們不希望用果膠或是其它的化學添加物，來達到黏稠的狀態。」她的果醬比較稀，跟我們一般印象中的果醬很不一樣，但她說這就是沒有添加化學添加物的果醬。強調純手工也純天然的果醬，會這麼引人注意，因為范少怡，她從源頭就開始控管，到處尋找好食材，因為她不希望這麼費工的果醬，被噴滿農藥的水果給毀了。

她堅持使用在地水果，但在地水果怎麼找呢？她絕對不是上網看看，有電話就直接訂購，她只跟無毒的農家合作，而且親自到產地了解水果種植的過程，確定每個環節是不是真的無毒？而她的果醬也會讓合作的農民抽成，她說：「這樣農民才有動

力，提供給我最好的無毒水果。」

嚴選食材，回饋無毒農民

很多無毒的水果，並不是很美觀，但是這些不美觀的水果，確實比較健康，所以她希望跟農民互助合作。范少怡：「如果説我幫他找一個出路，無毒的農民可以用這些不是這麼美觀的東西，去換他們該應得的金錢的話，我想可以讓他們比較安慰，也會比較樂意去種植真無毒的水果。」

自己做果醬創業，她也希望能夠幫左右鄰居、叔伯阿姨，所以她特別把製作果醬會使用的檸檬，改用親友種植的酸桔。用酸桔代替檸檬其實吃起來沒什麼不同？但為什麼要做這種改變？她説：「我是客家人，小時候常常偷採住家旁邊的酸桔來吃，但是酸桔的使用率很低，大多只用來做酸桔醬。」金桔很少被使用，但為什麼還是有這麼多人栽種？她覺得老人家應該希望這種酸酸的記憶能夠被傳承，因為這是很多人回憶中最難忘的味道，所以范少怡希望她的果醬，也能幫點忙，讓酸桔的運用更廣泛。

要成就一瓶完美的果醬，除了要求自己完全純手工，范少怡還把部份的收益回饋農民，因為她希望有更多人投入無毒農業，讓純天然的理念發酵，也讓所有的消費者不用再吃的膽顫心驚。

繽紛浪漫的歲時饗宴

桂花園人文客家餐館

🏠 新竹縣新埔鎮中正路405號

📞（03）588-2005

☕ 週一、二、四、五10:00～
　 14:00，17:00～21:00
　 週六、日10:00～21:00
　（週三公休）

$ 化骨豬腳250元、香菇水蓮
　 200元、薑絲大腸260元

從五月雪開始，這幾年客家旅遊很興盛，除了每年四、五月追雪白桐花之外，像是客家菜餚或是客家文物古蹟也頗新鮮，到了秋天我最喜歡的就是柿餅了，一片橘紅色在農家的院子裡開展，光看就幸福，而我這一趟竹東之旅還在淡香的桂花氣氛中走進百年古宅和典雅的桂花園有最浪漫的邂逅。

一段奇緣，從遠遠仰望到置身其中

很多事情是不是冥冥中自有安排？至少竹東桂花園餐廳的主持人就是在一連串的命中注定，走進了桂花香氣滿溢的園子裡，從而為在地的客家風情、桂花香氣和道地美食演出一場最完美的合奏。

「好像是二〇〇九年某天，和先生去鎮上的郵局繳錢，進郵局前我問從小在竹東長大的先生說：『這白色的洋樓裡究竟住了什麼人？嫁來這麼久，從沒看到裡面有動靜。』先生說他也好奇了好幾十年，只知道是新埔的老鎮長潘錦河的故居，說著就進了郵局。幾分鐘後再出來，卻看到白色日式洋樓的大門打開了，就這麼神奇地打開了！」就算是此刻講起，老闆娘口氣依舊有些激動，因為「神奇的還在後頭」。當天開門的打掃人員，正是以前先生的舊識，於是兩人幸運地和這棟仰慕許久、與百年

我趕上的正是九、十月桂花盛開時推出的桂香化骨豬腳。已經煮得軟爛的蹄花，皮脂層中多餘的油脂已經化去，下筷的瞬間還有些彈性的肉筋連著皮和骨分開，輕易入口，相佐的濃香桂花蜜也和嗅覺呼應著，古代文人騷客嫌俗的肉這下子吃一口反倒附庸風雅了起來，真是感動！

潘家老屋緊鄰的建築有了第一次的相遇。本就喜歡收藏古物的先生也間接和潘錦河先生的後代接觸，收藏了部分文物。這讓學餐飲的老闆娘和家裡本就開餐廳的先生更興起念頭：要讓這棟饒富生趣和古意的宅院重獲新生，在這裡開餐廳，讓仰慕老屋風華的人們都夠一親芳澤。

老新埔人對於潘老鎮長的故居一定都有許多綺麗聯想，因為長長的圍牆遍植桂花樹。客家人素來認為桂花有著富貴吉祥的寓意，每每到了秋天這宅院以桂香迎人的風雅之情，成了新埔這個客家庄裡美麗的風景；這也是夫妻兩人對於鎮長故居的第一印象，於是就取名為「桂花園」。

客家桂花風味餐，甘甜芬芳難忘懷

走進桂花園，從菜單開始就是客家大紅花布做點綴。店裡既然以桂花為名，新埔又是客家重鎮，種種與客家的緣分，讓夫妻倆決定要讓餐點以桂香調味，佐客家風情。還沒上菜，一道免費的桂花釀做為迎賓見面禮，濃淡適宜，夏天冰鎮冬天溫熱已經讓饕客脾胃大開。而一道薑絲大腸除了代表客家，更展現創意；以往嗆得人難受的醋精，被客家桔醬的天然味給取代，一樣酸溜溜，但齒頰裡的餘韻卻有著一絲絲鮮果醃漬後發酵出的甘甜。

菜單上一大欄都是化骨豬腳的天下，原來桂花園以黑豆、花生、甘蔗以及桂花等不同的方式，配合時節徹底展演客家豬腳的美味。芋頭香酥鴨也是桂花園的強項，香酥的鴨皮下，鴨肉的粗纖維在綿綿芋頭裡成為豐富口感的特色；紅麴炒飯、客家粄條也都在少油少鹽的堅持下更加清爽。有人說一頓飯最大的成功關鍵是壓軸的甜點，在桂花園裡擔下這重責大任的就是客家經典牛汶水，客家麻糬在久煮的黑糖桂香水中載浮載沉，像是在池塘裡泡水消暑的牛隻露出厚實的背部，畫面感十足的鄉村趣味為這頓飯畫下完美句點。

百年建築為芳鄰，仕紳雅致現幽情

在桂花園用餐佐餐的是眼睛所觸及的每個角落——歷史的軌跡、豪門的雅致，因著潘家當時已經是當地有名的地方仕紳，家中的擺設與建築的精細自然不在話下；夫妻兩人當初也是因為喜歡這兒的一磚一瓦、一草一木才與之結緣。桂花園保留了許多屋內的原貌，進門後右手邊的小廳堂就是當時的客廳，八角窗溢入的陽光恰巧灑在掛衣架上的一件老式風衣外套上，多看幾眼，一陣目眩，竟有些分不清今昔。院子裡一張斑駁小桌，兩、三把椅子錯落；緩緩靠近一口舊式水井邊，點點乳白的黃鋪成一幅畫，原來一株八十歲的桂花樹正逕自綻放，撲鼻而來的香氣，讓我突然想起南宋朱熹筆下最直白的桂花：「亭亭岩下桂，歲晚獨芬芳。葉密千層綠，花開萬點黃。」實在很難不羨慕往昔居住在這裡的人，好在如今你我都能享有這般閒散，哪怕只是一頓飯的時光。

新竹因為新竹科學園區的非凡成就，這幾年外移人口逐漸攀升，市場需求在這個原本純樸的客家大縣，激起了不小的漣漪，使得商業態樣有了快速的成長，房價向六都看齊。當然，許多美學文化和飲食水平也瞬間都會化了，但是走出了新竹市，新竹縣純樸的農家風情和在地文化，交織成最動人的樂章；桐花點綴，擂茶飄香，天燈館點起享譽國際的祝福，點點滴滴都是感動的行腳。

客家風情畫——漫遊北埔老街

新竹是傳統客家大縣，想要一次全面感受客家百年文化，那麼「北埔老街」就千萬不能錯過，這個客家聚落充滿著懷舊風情，故事要從慈天宮說起。

沿著老街蜿蜒小徑一一造訪，信仰中心慈天宮香火鼎盛，敬畏天地後，在這小聚落沿途會經過姜阿新宅、天水堂及金福廣，其中姜阿新宅的建築之美更要細細品味，姜家昔日因製茶起家，這個大宅院除了居住外，更是接待賓客的場所，大氣非凡。

怡潔

走完「北埔老街」後，也可以到北埔冷泉泡泡腳，石砌的池子沒有過多人工斧鑿，自然冰涼，泡完後肌膚變得光滑，這可是當地友人的私房景點呦！

當然客家小吃更是重點，新竹九降風洗禮後的柿餅，香Q彈牙，還有客家粄條，白白胖胖的粄條配上濃郁湯頭，一些油蔥酥提味，在放上幾片肉片，就這簡單的滋味可是客家樸實飲食的代表之一；當然北埔的擂茶可是經典，生茶、花生、芝麻等基本三角色之外，現在也有人把它發揚成十穀米的養生概念，木棒和陶缽之間自己動手慢慢磨出穀物香氣，隨著熱湯沖出天然的多層次口感，DIY自己的難忘回憶。

🏠 新竹縣北埔鄉北埔街 📞 （03）580-2204（北埔鄉公所）

愛情的證書——鹿寮坑石爺石娘的傳說

　　前進綠色小徑的路上，我們經過了鹿寮坑桐花步道的入口，意外發現了一處安靜、沒有攤販，也沒有太多遊客的賞桐祕境，快到步道盡頭時還有一座小屋和一株五十多年歷史的大大桐花樹。到訪的日子正是盛開的時節，一陣風吹下宛如仙境，說也巧，樹下一間簡單的小屋旁有幾張小木椅，坐在那休息片刻，真的像天堂，好希望時光靜止在這一刻。小屋的主人是一位老奶奶，如果幸運的話，會碰上她來擺攤，賣賣老菜脯、梅干菜，那可是客家媽媽不藏私的好滋味。

　　鹿寮坑溪邊有座石爺石娘廟，客家人感念自然山林的質樸心讓這兩棵大石頭被投射成為相依相守的石爺石娘，也成為芎林小鎮的重要信仰對象，舉凡求愛情或求子都可來向石爺石娘許願，甚至還有一陣子是可以請石爺石娘證婚呢；往裡走一處香菇農場很值得來場生態探訪，已經很少見的段木香菇如何判別新鮮度，如何摘採，在這裡都能體驗，週休假期就來這裡走走吧！

🏠 新竹縣芎林鄉五和街241號（華龍社區活動中心）

📞 （03）593-6060

上海世博亮點繼續發光——新竹天燈館

　　二〇一〇年全球各國都聚集在上海世博以國家館展示自己國家最重視的價值和最傲人的成就，當時的台灣館被視為最受矚目且人氣最高的展覽館之一，如今費時兩年、耗資十三億，不用飛上海，就在新竹可以一窺世博台灣館的全貌，讓全台灣甚至全世界再度感受世博台灣館國際級的魅力！

　　其實一下高速公路交流道，大大的天燈就已經映入眼簾。負責設計的建築大師李祖原，當初以在國際間已經享譽盛名的天燈為意象，打造台灣館，不只造型吸睛，「放天燈」這象徵祈福許願的心意，更是十分討喜；外層是透明玻璃，內層則是使用了一萬盞LED燈球構成，冉冉上升的天燈，搭載著眾人心願就在館體上呈現，讓造訪的人目不轉睛。

　　入內後七百二十度全天域劇場更是驚豔全球，這座全天域劇場是一個直徑十二米，水平三百六十度、垂直三百六十度，七百二十度完

🏠 新竹市東區公道五路三段6號

📞 （03）571-7799

☕ 週日至週四11:00～21:00，週五至週六11:00～22:00（含商場、台灣館、文創館）

💲 立體劇場（3D特務冒險）全票150元

全包覆的全球型劇院。劇場使用最新的4D科技，是首次由台灣人自行研發製作的特效。二〇一〇年上海世博的台灣館中，最受歡迎的影片非《自然城市》莫屬，由原民音樂教父胡德夫吟唱悠然遠播的古調，帶參觀者暢遊阿里山、太魯閣深山峽谷，視角甚至觸及了從北到南的城市風貌。讓人驚喜的還不止於此，當蒔花綠草登場，可同步聞到花朵綻放的香氣，當海豚躍出海面時，你甚至可以因著灑落水滴，彷彿身歷其境，五感的心靈之旅怎能錯過。

步出球體劇場，別忘了真的來許願放天燈，在現代的點燈平台上趕緊來體驗被上海媒體評選為「最具互動感的祈福儀式」，透過觸控螢幕點選許願天燈，可以升官發財、闔家平安，甚至是許個世界小姐的心願——世界和平。在球幕下看著心願冉冉升起，這幸福的時刻值得珍藏。

內行人必去——竹東中央市場

在地客庄在地味，在充滿客家氛圍的竹東市場，東林路上有一家便當店，排骨便當是招牌，但是更讓人難以忘情的竟然是滷味，這一味據說異鄉遊子每隔一段時間就要回來補充能量；客庄阿婆的水粄，每日清晨現做，只需一點老菜脯和醬油，米香自然被襯托成最單純的感動，而且只要十塊錢，CP值高到噴淚；轉角合家歡雞鴨攤更是遠近馳名，年近八旬的老闆娘俐落的操刀，儘管手指變形，但她固守攤位說是要當客家天然飲食的最佳註腳，天然的最好，越吃越年輕，這紅麴鴨怎能不試試？還有美魔女掌勺的客家炸菜，其實就是客版的天婦羅，什麼都可以炸，是吃來爽脆的零食，這些都在這活力十足的客家市場裡。

⌂ 新竹縣竹東鎮仁愛路310巷

繽紛的客家農村——軟橋彩繪村

　　彩繪村這幾年在全台各地風行，但是卻百看不膩，因為手繪的溫度總是能將在地的故事說的動人美麗，於是當我在新竹發現可愛的客家庄也換上繽紛衣裳，立刻下車記錄。

　　軟橋社區離北埔老街並不遠，當看到路邊的擋土橋上有著鮮紅亮綠的顏色時，就知道已經來到了軟橋的範圍。當初是在地小農愛極了這個社區，農暇時就把身邊發生的故事給記錄下來，從自家的一小面牆，畫到街道上。甘仔店老闆覺得有趣也加入了彩繪行列，然後一路往小巷小弄裡延伸。這裡有Welcome，那裡有客家俚語，農家樂也在壁面上呈現了春耕秋收的景象，連電線桿上都有祈福的問候祝你發大財。

🏠 新竹縣竹東鎮東峰路軟橋社區

　　除了客庄彩繪，這裡的有機田園也已經頗有名氣，軟橋有機米市場上很熱，甚至打出廚餘田、環保米的名號，這裡的客家餐廳當然也就以在地有機著稱，圍繞軟橋的翠綠青山間還有一個全台最小的水力發電廠，「桂山發電廠軟橋分廠」，順著大水車在灌溉渠道間小溪清涼乾淨可泡腳，也可騎單車散步。

　　軟橋社區的民眾說來這可感受到的有濃厚的人情味、山間的涼風、迷人的田園香歡迎大家來到彩繪客家庄。

黃橙橙的甜美祝福——味衛佳柿餅觀光農場

新竹又稱風城，每年的九月到隔年的一月在風城的山谷間因為東北季風增強颳起乾燥爆裂的陣風，因為從九月開始又是一颳就是好幾個月，博得了「九降風」的名號，當地的居民於是發展出了借風乾物的飲食方式，新竹三寶中的柿餅和米粉就不能少了九降風。

位在新埔的味衛佳柿餅觀光農場老闆劉理鑑，從小就看著長輩們依古法製作柿餅，九降風起時就是最忙碌的時刻，把一顆顆黃澄澄的柿子放在棚架上，一層層一排排，這裡的員工小心翼翼的搬動，就要讓每一棵柿子都能夠領受旱坑里特有的「九降風」與日曬。

而這一顆顆原本飽滿的柿子在享受完日光浴後，水分蒸發大部分，留下濃郁的香氣和甜膩的自然果糖，小小一口，吃到的是質地細緻柔軟，甜美香Q，這也成了最美味、最天然的特產。當拍照拍累了，除了柿餅、柿

這裡無疑是輕旅行或是小旅行最殺底片的地方！這時的味衛佳呈現一片溫暖的橘紅，不用打燈自然就有蘋果光，這裡的人們非常熱情，知道是絕佳取景的地方，因此還會配合遊客拍照，只見每個棚架前都有人對著鏡頭淺笑擺Pose。

乾、柿霜（數量有限）外，這裡還有柿子冰棒、洛神花冰棒、洛神花茶，每一樣都是扎扎實實不做作的天然口感。如果想要補一補，也可以來碗柿乾養生雞湯。置身在這柿餅農場除了視覺驚豔、心靈沉澱，連五臟廟都被照顧到了，記得九降風起時，這裡免費參觀！

🏠 新竹縣新埔鎮旱坑里11鄰旱坑路一段283巷53號

📞 （03）589-2352

☕ 免費自由參觀。團體人數達20人以上，可申請預約，有專人免費導覽服務

苗栗

CHAPTER 4

道地客家料理

身為台灣首屈一指的客家大縣，苗栗推廣起客家文化一向不遺餘力，在地飲食文化也從中汲取了豐富的養分，開出了燦爛的花朵。沿著山線繽紛的桐花小徑，用心品味道地的客家料理吧！

小食光麵堂

七年級回鄉，重現道地客家味

🏠 苗栗縣銅鑼鄉銅鑼村中
　　正路76號

📞 0958-627-963

♨ 6:30～13:00
　（消息日期另行公告）

💲 超值套餐（小腸麵線＋
　　水晶餃）70元

台北地區的早午餐，大多都是漢堡、三明治套餐，但在苗栗銅鑼的這間早午餐超級特別，它的招牌是阿婆的水晶餃，你沒看錯，最受歡迎的早午餐就是這一味，小食光麵堂可以說是隱藏在客家鄉的平價美食！

從簡單的小吃中，找回美味時光

老闆不是阿婆，而是七十年次的高健綱，雖然年紀輕輕，但是他的工作資歷很豐富，三年之內，他不但在服飾業待過、也當過超市的肉品分類員，還曾經是竹科的設備工程師、做過活動企劃、保險業務員，看看這工作項目跟內容，真的是遍及大江南北！

只是這麼多的工作經驗，都不是他的興趣，回到家鄉後，在麵粉供應商當業務，慢慢接觸餐飲、食品業，才讓他決定在家鄉銅鑼，開一家屬於自己的小麵店。「其實我媽媽、我奶奶、還有我舅舅，都是開傳統小吃店，我記得高中常常得要幫媽媽開店、收攤，覺得很辛苦，所以對餐飲一點興趣也沒有，沒想到還是走回這條路。」

高健綱把他的客家麵堂，取名叫做「小食光」，因為這些美味，可以讓大家想起自己的小時光，而這些簡單的小吃，也都是他小時光中，最愛的美食，所以他希望大家能夠小小食，一定要食光光，所以取名叫做「小食光」，結果看看上門的顧客果然是個個吃到碗盤見底。

青年回鄉，重現阿婆味

　　七年級生創業，真的很不一樣，光是招牌就很有味道，用的是廢棄窗戶自製的小立牌，是不是很文青？雖然只是個麵店，但看的出來這個年紀輕輕的老闆，很努力在經營，希望讓小店，很有客家味，所以牆面的桐花彩繪牆貼，相當顯眼，我想就是希望大家一看就知道來到客家庄。「我就想說要賣最傳統的客家小吃，以前這種客家小吃都是阿婆們在賣的，他們退休之後，美味幾乎斷層，覺得很可惜，所以我決定要讓大家再愛上這種古早味。」

　　說到文青創業，麵堂的門口，還有一個小書櫃跟發呆椅，就算不吃麵的民眾，也歡迎大家，坐在這裡靜靜的看本書，享受一下悠閒時光，因為他跟附近的文創單位發起多多閱讀的活動，他們跟很多單位募書，而這也讓他的麵攤顯得與眾不同，除了油蔥香、也飄著悠悠書香。

我之前常到苗栗這個客家庄出差，會發現客家人，很喜歡以麵食、水晶餃當早餐，以苗栗市來說，南苗三角公園的巷內，就有好幾家，專賣水晶餃的老店，所以說這種傳統的美食，可是客家人最愛的早餐美味，而苗商畢業的高健綱，更是對這種美味念念不忘，所以要開店，也不忘把自己的最愛，納入菜單當中。

客家味的早午餐登場

　　小食光麵堂大家必點的招牌餐，就是小腸麵線加上水晶餃套餐了，這是網友評鑑一等一的美食。高健綱說：「小腸麵線是舅舅教我的，舅舅的麵線已經賣了二十幾年了，所以味道可以算是家傳美味。」這個套餐大受歡迎，因為他除了有小腸麵線之外，還有一個超人氣的水晶餃，因為這個水晶餃外皮Q彈，而豬肉內餡也很有咬勁，這跟一般吃到的冷凍水晶餃完全不一樣，吃過保證口齒留香、彈牙的口感很難忘懷。

　　除了水晶餃本身的口感吸引人，小食光麵堂的

水晶餃醬汁，也是特別調製，這個醬汁，真的是深得我心，超對我味，酸酸甜甜又鹹鹹，跟苗栗市賣的水晶餃很不一樣，苗栗的水晶餃店，只有油蔥提味，韭菜醬汁自己添加；不過高老闆的水晶餃，會把自製醬汁淋在水晶餃上，別有風味。「我是用自製的油蔥酥、醋、加上蒜蓉醬，這個比例是我特調的，我會把味道調好再上桌，如果口味重點的客人，可以再添加客家醬油，其實我的食材很簡單，就是阿婆的味道。」如果想要重口味的話，店內的客家韭菜醬油，或是自製辣椒醬，通通任君選擇。

純手工處理，復刻經典客家味

除了水晶餃、小腸麵線、他們也賣瓜仔飯、切仔麵，而他讓客家小吃很對味的秘訣，就是他的油蔥酥了，為了這個油蔥酥，高健綱可是花了很多功夫。「剛開始我就請教我奶奶，但是她一直勸我放棄，她覺得做吃的太辛苦了，而且油

蔥酥真的不好做，從處理到油炸，整個過程大概要花二天，起初她還不太願意教我，後來只教我做一次，我就錄影下來，反覆看反覆學，從失敗中學習經驗。」年輕人有心試一試，後來奶奶傾囊相授，只是光是紅蔥頭的處理，奶奶很堅持，要求他從頭到尾都要純手工，但為什麼不乾脆整個放入機器攪？「這樣阿婆的味道就會走味。」高健綱說道。

　　要做好油蔥，真的是一門功夫，因為洗蔥頭、剪蔥頭、剝乾核皮炸油蔥，全都自己一手包，光是聽就覺得這真的是一件難事。「洗乾淨之後，得要去頭去尾、再依照垂直組織手工切開，光是這樣的動作就得花上好幾個小時，另外，炸油蔥一次也要二小時。」

　　炸油蔥也是油蔥酥好吃的一大關鍵，不夠酥脆就沒有香氣，太焦則又苦味太重。「說到炸油蔥這件事，本來覺得不難，但是控制二十到三十斤的量，真的不太容易，一開始常常會炸過頭，結果一開始失敗五、六次，一次就是二十斤，全部都得倒掉，因為焦就會苦，這不能馬虎。」

　　「炸過頭」三個字說得簡單，但是整個過程要重新來過，真會讓人覺得鬼打牆啊！還好高健綱很堅持，因為對他而言，油蔥要美味，才能夠讓整碗麵有著令人難忘的好滋味。現在這個七年級生的油蔥味，已經非常「客家」。餐桌上這些客家味經典的醬料，也都是出自高健綱的手，包含特製辣椒、韭菜醬油等等，都是很道地的客家味。客家麵加上這些醬料，真的是簡單卻好吃到掉渣，我只能說，高健綱復刻板的水晶餃麵攤大成功！

他們的油蔥酥，有人說就像老油條一樣，很有味道；而這一味，也真的是客家麵食的靈魂。小食光的油蔥，就這樣從高家的廚房，飄到了銅鑼的小吃攤上。

苗栗縣三義鄉勝興村水
美街241號

（03）787-3500

週一至週五11:00～
14:00，17:00～
20:00，週六、日
11:00～20:00

客家小炒220元，薑絲炒
大腸160元，梅干扣肉
220元，紫蘇茄子120
元，野薑花福菜150元

川味仙客家菜館

創意健康客家味

川味仙走過三十個年頭，傳承老媽媽的好手
藝、又用創意讓客家味，多了新滋味，所以不
論平日、假日人潮滿滿，它不但是在地人忘不
了的家鄉味，也是外地人喜歡的特色美味。

不賣川菜賣客菜

名為「川味仙」的餐館,很多人覺得賣的是川菜料理,但其實賣的是道地的客家菜。當初老闆開店,真的是以牛肉麵起家,不過因為媽媽養的玉米雞,實在太美味、再加上媽媽有時端上桌的客家家常料理,大受好評,所以他決定讓餐廳轉型。「我媽媽真的很會做菜,而且她做的客家菜十分道地,我就想說要延續媽媽的好手藝。」

老闆徐振標、老闆娘黃美華,大家都叫他們標哥、標嫂,標嫂從媽媽那裡學了不少私房菜,又有婆婆指導,一加一大於二,所以標嫂的好手藝、人人誇,因此開店這檔事,完全難不倒兩夫妻,而他們兩人攜手共度三十一個年頭,餐館老闆娘黃美華掌廚房,老闆管廳堂,兩個人的感情相當好,所以牆上也有許多兩人一同出遊的照片,徐振標:「就是要常常出去走走、看看,吃喝玩樂,多品嘗別人的料理,才能研究出以客家菜色為基礎的創意美食。」

靠著不斷研究，他們的料理不但拿到了苗栗縣政府頒發的認證客家美食餐廳；另外，他們為了幫民眾的健康把關，也改良了客家菜原本重口味的口感，不但少油少鹽，還計算熱量，所以也是苗栗縣「健康楷模桌餐」的代表。

減油減鹽，不減香氣

　　創意美食待會聊，先來談談傳統菜，看看每桌必點的菜單，就是這一道「放山玉米雞」，這是店內的招牌菜，因為這是在山上放山飼養，所以雞肉有嚼勁，也特別有彈性。徐振標：「我們挑選的都是六到八個月的玉米雞，肉質很扎實，以前我媽就是這樣養雞，所以我覺得這種養雞的要求跟口感應該要傳承。」除了雞肉的味道很夠味之外，沾上特製的客家桔醬，客家味十足。

　　說到客家味，他們的客家小炒香味撲鼻，而梅干扣肉，減油減鹽不減香氣，所以不油不膩，入口即化！另外，薑絲炒大腸也是人氣美食，因為他們的豬腸有脆度，沒有腥味，也不像橡皮筋一樣咬不爛。徐振標：「其實薑絲大腸要好吃，除了炒的火候是功夫之外，最重要的就是大腸的清洗，不要怕

麻煩。」大腸要讓它QQ又脆脆的,最好用麵粉、醋、沙拉油搓洗乾淨,很多業者會泡蘇打粉,但其實天然才是尚青。

靠著不斷研究,他們的料理不但拿到了苗栗縣政府頒發的認證客家美食餐廳;另外,他們為了幫民眾的健康把關,也改良了客家菜原本重口味的口感,不但少油少鹽,還計算熱量,所以也是苗栗縣「健康楷模桌餐」的代表。

創意發想,新菜上桌

除了傳統料理之外,他們的創意料理也很吸引我,一定要好好的來介紹一下。噹!噹!這道「紫蘇茄子」,很多人吃進嘴裡,真的猜不透它到底是啥?還以為是有香味的年糕呢!話說紫蘇是苗栗的農特產,紫蘇梅、紫蘇茶很討喜,但是紫蘇要拿來入菜,要怎麼沒有違和感,難度頗高,因為紫蘇是一種香料,很容易影響食材口感,所以標哥跟標嫂,加入他們最愛的茄子,沒想到口感相當滑嫩。「一般紫蘇如果當食材,會拿來包豬肉捲這一類的,可以有提味的效果,但

紫蘇的最大產地在苗栗，所以我們才想說要讓紫蘇，有更廣泛的運用。」老闆說。

老闆娘黃美華：「這道菜其實也是家常料理，就先把茄子去皮，進鍋油炸，再加入紫蘇拌炒，用特調的醬汁調味。」茄子只有滑嫩的口感，去皮可以減少油炸之後的油膩感，用慢火拌炒，再加入紫蘇添增香氣，口感真的令人難忘。

另一道特色料理，也是獨家，它是「野薑花福菜」，花香中又飄福菜香，酸甜中帶點清香。「野薑花有股清香，一般客家人會把野薑花葉，拿來包肉粽，也有人把野薑花拿來用炸的，但是我覺得炸的會蓋掉花香，就失去野薑花的味道，所以我們才想到用福菜點綴花香。」看著潔白的野薑花，其實覺得不可思議，花朵也能拿來食用，淡淡的花香拌著菜的香氣，難得一見的混搭風，也混出與眾不同的味道。

客家新鮮味，藝人頻上門

令人驚艷的還有餐後甜點「黑糖發糕」，這個要給它用力鼓鼓掌，因為他們

的黑糖發糕，口感相當扎實，老闆說：「這是純蓬萊米製作的，沒有再加在來米粉，所以口感特別軟Q，完全純手工，我們小時候要吃發糕，都只有在特別節慶的時候，所以我們就想說用這個來當甜點，除了讓大家感受到我們的用心，也希望利用發糕，大發的涵義，讓上門的客人有好兆頭。」

　　川味仙客家菜館，民國七十四年創業到現在，走過將近三十個年頭，店內的裝潢很簡單，就是希望讓上門的民眾有家的感覺，但常客會發現，換了無數次的裝潢，後面的阿婆大壁櫥，卻是屹立不搖，變成鎮店之寶，因為這是開店之初，老闆父親親手製作的，所以他堅持一定要保留，這也能看出老闆標哥的孝心。

　　差點還忘了說，還有隱藏版的菜單，那就是「老菜脯排骨湯」，這可是用客家媽媽放了二十年的老菜脯，所熬的湯頭，味道到底有多濃郁？這可就等民眾自己上門品嘗了。

牆上藝人照片，也相當吸引目光，因為他們的客家菜，在當地庶富盛名，所以有許多的藝人前來捧場，包含了胡瓜、白冰冰、許效舜等等，真的相當受歡迎。

⌂ 苗栗縣卓蘭鎮西坪里4
　鄰37-2號

📞 （04）2589-5892

☕ 採電話預約

$ 葷食每位1580元，素食
　每位980元，兒童餐每
　位680元，下午茶每位
　399元

花自在食宿館

找回初心的自在起點

最近讀了一本小品裡面有這麼幾句話「生活的
簡單是一種享受，心的簡單是一種自由」，自
由自在，筆劃沒多少，但想想許多人包括我恐
怕要花一輩子去參透那境界吧，就在想裝裝年
輕、嚷嚷著「少年維特的煩惱」時，走進苗栗
山城發現了花自在，我似乎找到了一個自自在
在的起點。

花藝、美食、原木、流水，搭起自在人生

在苗栗曲折蜿蜒的山路上，循著有一搭沒一搭的路標前行，終於在一塊直式的黃銅招牌前停下。藤蔓遮蔽了些視角，必須下車確認，「花自在食宿館」幾個字代表我們終於到達（歡呼）。而眼前的食宿館，該怎麼說，像是與大地一同呼吸般從綿延起伏的丘陵地中長了出來，下意識走進來大口深呼吸。

兩千坪的空間被五、六百種的花草包圍，沒有金碧輝煌，沒有醒目標識，和周圍山水融為一體、絲毫沒有違和感的房舍，彷彿一切早就在這裡。叫不出名字的小串風鈴花，在半空間閃著鮮豔的橘紅，湖水裡幾朵荷花隨著拂面而過的風兒恣意綻放，庭院的一角藤椅、小桌隨性的擺放，濃濃南洋風自然滿溢，只要坐著，就只要坐著就好，然後放空，看陽光在葉片間流轉，看小花在微風中輕搖，我的心～～輕輕的～～自自在在！

沿著木棧走道遇見原木大屋，每間大屋獨立進出，半開放式的超大空間在落地窗的透視效果下，彷彿就住在花草間，一張大大藤椅一人獨享，把自己沒入在枕墊之間還在興奮時，遠遠望去另一邊還有浪漫的木製大搖椅，一種被極致寵愛

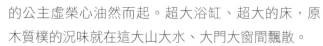

的公主虛榮心油然而起。超大浴缸、超大的床，原木質樸的況味就在這大山大水、大門大窗間飄散。

就是這種花間、風間、空氣間的自在，讓我在遇到館主林貴陽時，敬佩之心油然而生，因為罹患小兒麻痺症的他，可說是真真切切地活出了不自限的自在人生。

小兒麻痺不自限，館主返鄉圓夢

「對苗栗最熟悉啊，然後我愛這個土地啊，我愛這個苗栗啊！」這會兒，館主好整以暇地為我挑了個用漂流木簡單訂製的椅子，和我聊起花自在的緣起。身為家中長子，林貴陽儘管行動不便，但為了分擔家計，他毅然決然在十幾歲就離開了家鄉苗栗到外地打拚。時間一晃眼就是二、三十年，直到身

占地不小的食宿館，卻只設置了四間原木大屋，無形中那種開闊形塑出時空錯覺，恍惚間不禁讓人猜想：這是置身在南島Villa裡吧？不只這些大格局，館主的用心還在小地方展現，像女孩們最在意的盥洗備品，也採用手工皂上陣，根本就是把國外頂級度假中心的組合元素完整移植。

體發出警訊，林貴陽說彷彿是冥冥之中在提醒他，是時候要回到最初的起點。七、八年前，林貴陽和太座相中了日治時代戰備機場的遺址，也就是現在卓蘭的壢西坪。

在這苗栗的最南端——卓蘭，林貴陽也身兼空間設計師，一草一木、一桌一椅，把心中早就風翻花舞的桃花源點滴構築；美食的部分就由老闆娘一手策劃。在這可以自在呼吸、放下一切的地方，最讓人放不下的，竟是口腹之欲啊！

人生的緣分無所不在，老闆和老闆娘在醫院結緣，當林貴陽決定「鮭魚返鄉」，學護理的老闆娘很自然地就在花自在實現天然養身的飲食哲學。而花自在恰巧位在大安溪水靜靜流淌的山峰間，得天

這兒的住宿雖然有點殺荷包，但來這兒一定要花點小錢，品嘗個下午茶都好，因為每一道菜都讓人驚豔！平凡的雞湯，因著食材從雞隻、蔬菜和蛤蜊的嚴選，有著不凡的清香；最後的甜點也如同壓軸手作起士蛋糕不甜膩，軟硬適中，毫不馬虎！

獨厚的氣候環境，讓這裡成為水果之鄉。依據時令生長的花花草草與各式瓜果，還有客家庄裡「靠山吃山、靠水吃水」的傳統，都與老闆娘的私房菜單契合。這也是緣分，而緣分的相連把我們聚在花自在的餐桌邊，領略「食」的感動。

自然的無菜單料理，佐以人生況味

　　這裡的料理沒有菜單，只賣隨性的客家創意菜，但老闆的人生故事，也許就是花自在最迷人的味道。輕柔的紗幔翻飛中，女主人先用一壺香草茶甦醒我的胃，香蜂草、馬郁蘭佐以薄荷的清涼和玫瑰的典雅，那香味就像是我身處的無間隔的空間一般，香草是直接從院子裡摘下就放進壺端上桌，質

樸自然讓鼻子和舌尖彷彿被重新歸零，也好裝盛接下來的「苦辣酸甜」。

　　冷盤的設計將客家料理和在地食材巧妙結合，館主還規定了品嘗的順序：

「苦」——幾絲新鮮刨下的絲瓜，輕過熱油，沾上特調的芥末美乃滋，只是入口
　　　　後即便咀嚼著迷人捲曲的弧線，但甘苦的原味依舊慢慢在舌尖上蔓延。

「辣」——甜蜜的水梨片薄，包裹蔬菜成一捲，本是清爽，佐以泰式醬後，唇齒
　　　　間衝出酸辣的層次感，讓人難忘。

「酸」——在苦辣後，紫蘇梅那股銷魂蝕骨的酸似乎也沒那麼讓人直分泌唾液，
　　　　反而有一種幽遠的淡雅，在完全浸入蘿蔔絲後，為品嘗的饕客平衡了口腔
　　　　的躁動。

「甜」——最後這橘紅的一小圈，是新竹的柿餅，經過九降風的焠鍊洗禮，風乾
　　　　的瞬間鎖住了甜香，享受著完美句點。

一道冷盤原是味蕾從衝突到和諧的過程，館主卻說這是他一段人生歷程的縮時展
演：走過苦辣、體會酸甜，最終得到自在。

在每天限量五十位客人的食宿館裡，林貴陽就是希望來這兒的人，都能在寬闊的
花自在裡得到心的自在，許每一位到訪的人一段完美自在的時光。

WIFI：870482
客碼：037870482

🏠 苗栗縣三義鄉雙湖村雙
　　湖5-5號

📞（03）787-6482

☕11:00～14:00
　　17:00～20:00

💲 苗栗客家小炒400元，蒸
　　烹芋香鴨500元，香酥鴨
　　700元

蒸烹派

阿嬤主廚大秀青春創意

若是五星級飯店和幾代傳承的小店你會選擇哪
個？我自己總是愛小店小吃多一點點，除了時
間驗證了這些滋味存在的價值，那滋味也是一
種技術的傳承，有時更是情感的延續，在苗栗
三義著名的木雕街上，除了木雕老師傅的手藝
要傳承，在一間藍白色調仿造車站月台的小店
裡，美味也已經傳承三代，總鋪師世家的「顯
赫背景」，當然要一探究竟。

外祖母的媽媽味，三代傳承不走鐘

　　木雕街上的小店很醒目，容易辨認，外頭幾朵
白色桐花的圖騰捎來清爽和愜意。走進餐廳，布置
簡單卻處處有驚喜，桌巾上客家花布的天藍和豔紅
交錯，不經意讓人脾胃開；店裡還有油桐花，與店
外的裝潢呼應，滿滿是客家風情；連老闆娘張玉秋
的頭巾也有花布滾邊，很可愛。

　　說起蒸烹派在苗栗三義可是小有名氣，裡面的
菜色永遠吃不膩，因為這位已經當阿嬤的總鋪師有
著年輕愛搞怪的靈魂，光光是客家小炒就有十一種
不同的變化，一會兒忙著切肉、一會兒處理魷魚，
她要料理客家小炒，卻拿出一整條番薯說這也是
食材之一！「那時苗栗縣政府想說出產這麼好的番

小小店面不算大，但是
全由眼前這位笑容滿面
的老闆娘打理，外場、
廚房兩邊顧。雖然個頭
嬌小，卻樣樣難不倒
她，因為從外祖母那一
代開始，就從事外燴工
作，是專辦客家宴席的
外燴世家。張玉秋從小
就在廚房長大，耳濡目
染下，看家本領全都學
了起來，早年可是擔任
重責的總鋪師。

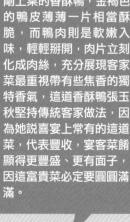

剛上桌的香酥鴨，金褐色的鴨皮薄薄一片相當酥脆，而鴨肉則是軟嫩入味，輕輕掰開，肉片立刻化成肉絲，充分展現客家菜最重視帶有些焦香的獨特香氣，這道香酥鴨張玉秋堅持傳統客家做法，因為她說喜宴上常有的這道菜，代表豐收，宴客菜餚顯得更豐盛、更有面子，因這富貴菜必定要圓圓滿滿。

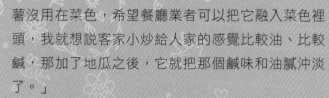

薯沒用在菜色，希望餐廳業者可以把它融入菜色裡頭，我就想說客家小炒給人家的感覺比較油、比較鹹，那加了地瓜之後，它就把那個鹹味和油膩沖淡了。」

張玉秋回憶著當時被人家笑的想法，憑藉大廚的專業，她還是做了這大膽的嘗試。從沒看過的番薯搭配客家小炒，熱鍋炒豬肉、魷魚、地瓜，再搭配青蔥來增添香氣，果然獲得評審青睞，奪下苗栗縣創意料理競賽專業組第一名，也奠定了蒸烹派在這個純樸客庄不敗的地位！

香酥鴨美味多汁╳可愛小鴨攻佔山城

阿嬤總鋪師的魔法當然不只這一招，客家小炒秀

完創意，張玉秋還要展現硬底子真實力。這天她迫不及待介紹客家傳統菜──香酥鴨。首先這鴨有學問，只挑選四個月到五個月大比較熟成的鴨，這個時候的鴨口感較順口，香氣也夠，然後把青蔥、香料和薑片，放進汆燙過的鴨子裡，再和醬油、米酒一起滷，每十五分鐘翻面一次，油亮色澤，令人垂涎三尺。這還沒結束呢！太白粉、地瓜粉，抹在鴨子外皮；這些粉還有功用，丟入油中粉浮起來，代表溫度夠才可以下鍋。一百五十度高溫伺候，外皮酥脆、香味四溢，整隻鴨腿拔起來，肉汁多到噴出來。

　　蒸烹派還有另一隻鴨我覺得必點，但是先說：點完上菜你不一定吃得下去；味道當然無庸置疑，但是可愛到爆表才是讓你不忍咬一口的原因。原來我們童心未泯的主廚把香軟輕甜的芋頭和鴨肉結合，廚娘們巧手捏成小鴨子的造型，經過裹粉油炸，一隻隻鍍上金黃色澤，一上桌往往就是一陣驚呼，「太可愛而無法吃」已成了牠的原罪啊！

　　蒸烹派的菜單裡以家傳食譜做基底，張玉秋這位總鋪師的點子做變化，這些年已經有美國、芬蘭、南非等各地旅客到此一遊後留下滿牆的照片，肯定她的好手藝，下回來到苗栗三義木雕街上也拜訪一下這位可愛的阿嬤主廚。

夢鼎軒

巷弄裡的溫馨客家菜

🏠 苗栗縣公館鄉華東街11號

📞 (037) 222-428

☕ 11:00～13:30
17:30～20:00

💲 平均400元／人

到苗栗公館想吃美食，在地朋友強力推薦「夢鼎軒」，這家位在巷子裡的小店，真的很難「路過」發現。但別小看這家店，沒有預約的話，只能「明天請早」了，因為它生意好的不得了！老闆劉春宏賣的是客家家常菜，常常座無虛席，因為食材非常新鮮，很多時蔬都是出自自家農園。

自己的蔬果自己種

　　店內的色調是溫馨的暖色調，屋頂類似傳統的稻草屋頂，牆面有斗笠有簑衣，還有阿婆的大廚櫃，菜單是竹片，上頭還用毛筆字書寫。沒有很豪華的裝潢，但會讓人覺得好舒服，好像回到了鄉下那個溫暖的家。劉春宏：「裝潢的東西，幾乎都是我一手包的，有的是從家裡翻出來的，有的是跟朋友要的，像是庭園的紅磚，就是附近窯場燒壞的。」

　　不僅餐廳像家，連菜色也很有媽媽的味道，因為當令時蔬，幾乎都是自己種。劉春宏：「像是這個柿子，就是我們自己種的，還有這個蘿蔔絲蛋、裡面蘿蔔也是我種的、還有像是芥蘭、龍鬚菜、地瓜葉都是。」這些蔬果可都是老闆的驕傲，因為這可是他花了很多時間才學會當農夫。

　　劉春宏本來在地方電視台擔任客服部經理，不但工作沒日沒夜、也沒有生活品質；每回的健康檢查，都是一堆紅字。十幾年前公司要調派他到外地，讓他開始思考：與其為別人而忙，還不如回鄉照顧年邁父母，接手爸爸的農場。「當

「客家農村味很濃厚」
是很多人上門的第一印
象，大門是綠色小徑搭
上木製的「夢鼎軒」招
牌，我覺得真的很像到
了阿媽家。只是「夢鼎
軒」為什麼叫「夢鼎
軒」，牆上的對聯寫
著：「似夢非夢，珍味
夢中留；似鼎非鼎，鍋
中乾坤現。」反覆念著
念著，會覺得劉老闆好
文青啊！

時回鄉，就決定不要用老人家的方式栽種，改採自
然農法，沒想到成本很高，但是利潤卻沒有想像的
多。」雖然他堅持不灑農藥，但一開始在批發市場
上，並沒有特別吃香，不過，轉個念把新鮮時蔬用
在餐廳上，反而大受歡迎，上門的顧客都認同他的
理念。如今，全台各地都有人跟他訂購當令蔬果宅
配，成果豐碩。

老闆兼農夫，樂享田園趣

「當初會開店，也是因為我老婆很會料理，她
生在傳統大家庭，從小就要張羅一家大小的三餐，
所以非常會做菜，再加上我是當客服起家，所以會
從客人的意見中修正菜色，就這樣成就了我的小餐
廳。」本來只是餐廳為輔、務農為主，但管銷層層
剝削，讓他改採餐廳為主、務農為輔，沒想到闖出

一片天。「本來只是想說經營家庭餐廳，讓吃不完的健康蔬果，也能跟大家分享，沒想到大家很喜歡，所以我也開始思考，讓農場走精緻化、多元化，以因應餐廳的需求。」

客服部經理出身的劉春宏，懂得傾聽客人的需求，也因為從客人得到很多寶貴的意見，讓他愈來愈懂得怎麼當農夫兼老闆。「我現在六點開始當農民、十一點就是老闆、下午二點要睡個午覺，晚上八點餐廳就要打烊，有人覺得晚上八點就打烊，是不是太踙了，但其實不是我踙，因為當農夫很耗體力，所以一定要早睡早起。」早睡早起成為習慣，不但讓身體變好，他的堅持，也讓餐廳的名號愈來愈響亮。

「以前當經理，體重是七十八公斤，現在只有六十五公斤，我覺得生活規律是最好的減肥藥。」以前得要應酬，假日又懶得動，但當農夫之後，身體正常運作，精神、體力都年輕十歲；不過當農夫也不簡單，過程全都要自己摸索。「以

前我父親為了方便管理，只種單一品種的水果，但是我認為要多樣化，才能受青睞，而且絕對不能用化肥，所以我就問農會、問產銷班、不要怕問啦。」改變了種植方式，也改變了家人的想法。本來家人反對在巷子裡頭開餐廳，但劉春宏靠著自信，開創了自己的第二春，對他而言，成功不會自己來敲門，但是有努力一定會成功。

混搭美味──紫蘇鴨

　　夢鼎軒的招牌菜就是「紫蘇鴨」，鴨是自己養的，不用擔心有抗生素，老闆娘把鴨肉切成薄片，方便入口，而這道菜的亮點，就是加入在地紫蘇。一般人對紫蘇的印象，大概就只有紫蘇梅吧，很難想像它能夠入菜，但是經過陽光曬過之後的紫蘇，不會太嗆、但香氣十足。

　　紫蘇是香味非常濃的香料，有人就愛它開脾胃好下飯，也有人覺得紫蘇的味道太搶戲，但老闆娘讓鴨肉不柴、讓口感爽口，是一道很特別的料理。劉春宏：「其實紫蘇鴨的作法不難，就是加入薑蒜，然後用去骨的土鴨肉去炒，沒有特別添加什麼醬料，完全就是讓大家吃到濃郁的紫蘇香，很多客人，因為這一道紫蘇

鴨,可以配好幾碗白飯。」

「為了大家的健康著想,我不只採用自然農法栽種蔬果,我還在料理上動手腳,我減鹽、減油,想要讓大家吃到不油不鹹的客家菜。」一般人對客家菜的印象是又油又鹹,不過老闆、老闆娘,用在地的食材打造出很客家的客家料理。

隱藏菜單──雞肉料理

薑絲炒大腸,一般的飯店用的是醋精,但是老闆堅持使用傳統客家料理中的純釀米醋。「愈少化學成份,會愈健康。我覺得客家菜應該要有所改變,一樣是客家食材,但不會對身體造成負擔。」他們的菜單也會隨著季節改變,這個季節開始在醃酸菜,就有「酸菜肉片湯」;如果換成曬福菜,就有福菜料理上桌,不會一成不變。「有時候客人會說,我想要吃上次吃的什麼料理,有的時候還真的無法有同樣的菜色端上桌,因為我們的菜園現在種什麼,就會換成什麼蔬菜,因為真的都是自己種的。」

還有很多饕客大推的,就是隱藏版的美味──夢鼎軒的雞肉料理,劉春宏說:「我的雞是我自己養的,它是養足六個月的放山土雞,而且是現殺的溫體雞肉,不放冰箱、不是冷凍的。可能是這樣,大家都覺得口感很Q彈,而且現殺的最好吃,所以我都是現殺的,因為冰過就會蓋過原有的土雞香氣,所以雞肉料理只能限制數量。」不論是仙草雞、白斬雞還是人蔘雞,雞肉都非常彈牙,而這幾道料理,只有內行人才能吃得到。如果要到店裡,別忘了先打電話預約喔!

一定要說說,我超有口福。因為老闆特別端出他栽種的印度聖果「餘甘子」(油甘)。最近在台灣試種,他特別拿來讓我們試味道。他說:「以後我要拿來燉雞,不是因為它的口感特別好,而是經過證實,它可是很養生的食材。」我覺得這就是老闆的精神,始終敦促自己進步,讓一間簡單的家庭餐廳,也能不斷有大驚奇!

🏠 苗栗縣公館鄉福基村
121號

📞 (037) 224-455

☕ 週二到週五10:00～
14:00，17:00～20:00
週六、日10:00～20:00
（週一公休）

💲 炒粄條65元，冰鎮紅棗
南瓜120元，檸檬梅子
雞（小）165元

福樂麵店

黃金小鎮裡，不退流行的好味道

吃東西有時候就像談戀愛，天天相遇，時間一長就有點膩，許久不見，又會開始想念，也因此每個人心中總有幾味不經意會莫名冒上心頭、挑動味蕾的私房菜，不常吃但就是想念，而福樂麵館之於我就是這樣的滋味。

大多數人一聽到「福樂」兩個字，第一印象應該會以為是賣鮮乳或是冰淇淋吧，這個充滿溫暖的名字其實民國六十六年第一代經營者佛心來著，單純希望居住在苗栗縣公館福基村的一家人和左鄰右舍、往來的過客都能安居樂業過生活，因此就把小麵館取名為「福樂麵店」，小招牌豎立在台六線道旁至今已有四十多年的歷史！

傳承兩代、四十年的美好祝福

　　客家庄裡品嘗客家料理不稀奇，館子裡菜單一打開客家小炒、客家板條、梅干扣肉輕易就能找到，但要吃到媽媽的味道，老實說越來越難。而在福樂就不用擔心這點了！客家子弟、第一代的涂爸爸、涂媽媽用做給家人吃的心，把記憶中自己爸爸媽媽的味道，原汁原味的保留。一道客家粄條，從粄條製作開始就馬虎不得，因為這是將土地上最單純的米香完整保留的神聖程序。先把在來米磨成漿，蒸熟以後再切成條狀，恰恰好地米白色，清爽的滑入大骨熬成的湯頭；油蔥酥的濃香平衡了味蕾的渴望，清清淡淡卻百吃不膩。許多客庄異鄉遊子出外打拚最魂牽夢縈、最讓人思鄉情切的，就是這個媽媽才有的味道，而福樂的第二代正是因為這個原因，讓他的生命大轉彎──工程師變廚師。

現在當家第二代的涂達中，土木工程系畢業後就學以致用，在台北擔任土木工程師。媽媽的飯菜香，總是慰藉著他在外地打拼的歲月，或許是累積了太多的思念和牽絆吧，既然在外地找不到這樣溫暖人心的滋味，父母也因為年紀漸長想收攤，到時候心目中無可取代的美味可能就會失傳，於是涂達中在三年前毅然決然回鄉，把這說甚麼都不能失去的味道好好的學起來。只是從工程師到廚師所花的心血，不是數字算得出來的。從不會做菜到坐鎮廚房，涂達中邊看邊做邊學，一步一步按部就班，前前後後花了大約三年的時間，不僅僅從爸媽那完美傳承，更發揮了創意延伸出新的客家感動。

福樂所在的苗栗公館其實有不少美食餐廳，但是在一片綠綠田埂邊，福樂常常像是都市裡的潮店一樣出現排隊人龍，甚至啟用了抽號碼牌的方式來，原因無他，當然是好吃囉！

翻新媽媽味，人氣更加倍

在福樂可以同時享有傳統和創新的味蕾滿足。傳統的炒粄條，先清炸再快炒的方式擄獲不少饕客激賞之外，客家最棒的醃漬功夫造就了梅干菜的醬香味，然後一點一滴地透過蒸騰熱氣進入五花肉每個分子，直到肥瘦比例精挑過的扣肉吸飽了梅干的濃香，咬一口，就是我到福樂的開心時刻。而涂達中以媽媽的味道為基礎，還不斷嘗試新口味，苗栗盛產的紅棗就雀屏中選，南瓜塞入枸杞和甜膩飽滿的苗栗紅棗蒸上一兩個小時，等到瓜肉熟透綿密和填充的食材香氣合而為一後放入冰箱冰鎮，夏天品嘗起來既消暑更養生，創意吃法成了店內人氣商品。

客家人愛吃的油雞，在福樂吃起來絕不油膩，涂達中透露箇中三昧，原來雞肉不是沾桔醬而是鹽酥雞裡常用的梅粉，酸酸甜甜的滋味讓油雞的滋味多了許層次。實驗性質更高的還有福菜也入丸子，清清爽爽的口感也是一絕。吸引力十足的菜單讓福樂永遠高朋滿座，涂達中接手二年，小餐館從二十坪擴展到六十坪，還獲得了客家美食認證，肯定了這位放下工程理論半路拿起鍋鏟的二代老闆。

從早期不甚起眼的傳統小麵攤到如今以餐館型態經營，涂達中刻意保留了當年爸媽煮麵炒菜的一角，要這當年讓他回鄉掌管麵館的媽媽味，成為許多人心中時不時跳出來擾動味蕾的私房菜。

怡明茶園

頭份後花園裡，品味縷縷茶香

🏠 苗栗縣頭份市流東里老
崎12鄰22-5號

📞（037）601-508

☕ 9:00～21:00
（週一公休）

💲 平均500元／人

怡明茶園不論產茶、製茶，都堅持採用返樸農
法，所以成本，比別人多上三倍。也因此讓茶
園的茶葉紅到對岸。除了製茶不馬虎，第三代
接班人林玉萍也用這樣的堅持經營餐廳，所以
大受好評。

精心布置，打造頭份後花園

　　古色古香的怡明茶園餐廳，是一棟客家傳統建築，它原本是農業閒置空間，老闆娘發揮創意，讓它成為頭份的後花園，店內簡約、潔淨又古典，搭上老闆娘精心挑選的木製裝潢、窗明几淨、花草雅緻、處處充滿詩意，深呼吸，就能享受小鎮的寧靜。不論是戶外還是室內，俯拾都是美景、視野寬闊，因為怡明茶園希望讓大家在這裡可以懷抱群山、迎向自然。

　　「怡是爺爺的商號、明是父親的名字，為了有傳承的意涵，所以我們取為怡明茶園。」女主人林玉萍，相當優雅，每每看到她泡茶，總忍不住讚嘆台灣的茶道的底蘊，她是怡明茶園第三代的接班人，不但產茶、製茶，獲獎無數，餐廳的菜色也深獲好評，最近他們的有機綠茶，還得到世界綠茶金賞獎。「二十五年前，我把重心放在製茶上，而我們

在苗栗住過一年，超愛頭份的膨風茶，也就是俗稱的東方美人茶，而頭份「老崎」更是膨風茶主要的產區之一，其中「怡明茶園」，除了產茶葉之外，他們還將茶葉入菜，非常有特色。

的餐廳，原本只是用來招待貿易商、或是跟我們有往來的茶商，但沒想到大家吃上癮，所以十五年前開始了餐廳的計畫。」

掌握茶性，茶餐飄茶香

茶廠一年四季都在生產不同的茶，所以茶餐也有四季之別，只是茶葉入菜可不簡單，要怎麼發揮茶葉的香氣，又不能搶了食材的風采，可得反覆研究。「每種茶葉都有自己的茶性、還有獨特的香氣，只要搭配得宜，茶餐就有豐富的變化」，善用東方美人茶、綠茶、烏龍茶、普洱茶、紅茶等茶葉，搭配海鮮、肉類、食蔬，每一道佳餚，都飄著茶香，改良客家菜色的創意茶餐，清爽、養生，而不同的茶葉入菜、也營造出不同層次的口感。

最令我印象深刻的就是這壺「老茶燉湯」，這壺茶竟然是燉湯，令大家驚訝，因為想都不想到，十五年以上老烏龍燉煮的湯頭，是放在茶壺裡，或許這樣才符合氤氳茶湯的氣韻吧！另外白色湯碗，則已事先放入熬煮好的蛤蜊、排骨、跟鮑魚等食材，這樣的組合，讓茶湯濃郁的香氣，在口中散開，琥珀色的湯頭更是特別鮮甜，海鮮的口感，也因為茶湯變得溫潤。「要成就這碗燉湯，選茶到燉煮都很講究，我們燉湯，沒有加任何的味精、調味料、完全只靠食材的鮮甜、跟老茶的獨有的香氣。」林玉萍一直進化自家的茶餐，她希望健康、養生之餘，也能滿足民眾的挑剔味蕾。

美人提香，紅茶解膩

林玉萍先說明各種茶葉的特性，再介紹餐廳，以東方美人茶來說，能夠提升香氣，所以搭配豆腐，有蜜香、有果香，相當爽口。別以為「美人豆腐」很容易，滑嫩的豆腐，要能吸附滿滿的茶葉湯汁，提供獨特香韻，可是有許多的工序。「前一天，豆腐要先浸泡在東方美人茶的茶湯當中，這樣豆腐才能充滿著東方美人茶的香氣，浸泡一天之後，才能下鍋。」

「紅茶東坡肉」軟嫩、不油不膩，這道菜讓怕吃肥肉的饕客，也能豎起大拇指，因為客家傳統的焢肉，偏油偏鹹，但怡明茶園加入紅茶，以去除豬肉油膩感，不但下飯、也不會覺得難以入口。「這其實就是紅茶的特性，紅茶可以吸附多餘的油脂，所以會讓東坡肉，不但不油，還有淡淡的紅茶香。」紅茶雞丁一樣也是香氣撲鼻，用紅茶添香氣、口齒留香。

用茶葉入菜，得要有好手藝，好茶如果過分烹調，不但香氣消散，也可能太過苦澀；另外茶湯濃度不夠，則失去茶香入菜的意義，所以怡明茶園同時滿足了味覺、視覺的享受，讓人可以自在沉浸在茶餐饗宴當中。吃完美食，也別忘了可以預約品茗，沉穩內斂的禪風，搭上中國風的擺設，禪意十足。在這裡待上一天，為自己洗去城市裡的惱人喧囂吧！

客桐酪坊

客家糕皮餅棒，給你不一樣的滿足

苗栗縣銅鑼鄉中山路80號

（037）993-232／
0912-690-993

電話訂購

$ 450元／10入

豬油餅的客家味、客庄的懷舊氣息、肥豬油不膩、冬瓜糖甜心，老闆羅文吉用巧思，讓童年記憶轉化為一枝枝糕皮餅棒，讓童心未泯的瞬間，回味無窮。

豬油大餅變餅棒

　　傳統習俗裡，只要有人訂婚，就很期待拿到豬油大餅的喜餅，一口咬下，冬瓜糖、肥豬肉、紅蔥頭，又油又香的滋味，令人懷念，不過，想要品嘗，一次只能買一大塊，怕太膩又怕吃不完，不過苗栗糕點師傅羅文吉，把豬油大餅變餅棒，讓大家可以方便吃、不沾手也不沾油。小小伴手禮，可以回味老滋味，又不用擔心一大塊，熱量會飆高，深得我心，所以我要來跟大家介紹一下，這羅文吉獨創的美味。他的豬油餅棒，材料遵循傳統，餅皮是

麵粉加豬油，而內餡一樣是冬瓜糖、紅蔥頭加肥豬肉。而現在人講求健康，他選擇的肥豬肉，是用有纖維不油膩的部位，所以口感濃郁又能入口即化。「我會選有纖維的部位，因為如果是內臟肉的話，大部份都是油，就不是這麼健康。」

外型變裝口感傳統

雖然豬油餅的外型變了樣，但是古早味不能「走鐘」，所以每個步驟都不馬虎，口味堅持傳統，像是內餡用的紅蔥頭，他也是向九十歲的阿婆學來的。「特別去跟人家學，登門拜訪好幾次，就希望阿婆能教我炒紅蔥頭，因為豬油餅香不香，精髓就在紅蔥頭。」內餡口感多層次，而沾上芝麻經過烘烤的外皮酥脆可口。

做餅十幾年的他，退休後還是很懷念客家老滋味，所以動手開始做起客家豬油餅。豬油餅是傳統喜餅，也是貢品，原本一大塊，大家得要分著吃，又會沾手，所以他才想到要讓豬油餅換個面貌。「以前一次的話，一個餅的話就要一斤，現在的話就做大概就做一兩左右一兩多一點，原本都是圓的形狀，現在改成冰棒的話，方便吃方便拿。」

豬油餅棒一樣懷舊

「原本想做一口吃豬油餅，但是如果一口吃下肚，意猶未盡，所以經過多次的研發，才決定用豬油餅棒搶攻市場。」他的豬油餅，從擀皮、包餡與餡料都很講究。沒有加防腐劑的糕皮餅棒，食材純天然，羅文吉以創新的造型，讓懷舊的滋味，有了與眾不同的新吃法。

卡卡松法式餐廳

法式料理的身心靈饗宴

🏠 苗栗縣銅鑼鄉中平村7
　鄰中平99之6號

📞（037）228-800

🍲 12:00～14:00
　18:00～20:00
　（週一公休）

💲 主廚精選套餐2080元，
　探索套餐1280元，素食
　套餐1680元，歡樂套餐
　（兒童餐）480元

法國許多米其林餐廳，都是在鄉村小鎮，品嘗美食的同時，會讓身心靈跟味蕾，都經歷一場頂級饗宴；但在台灣吃法國料理，大多只是滿足味蕾而已。不過來到苗栗銅鑼的「卡卡松」法式料理餐廳，會顛覆你對台灣法國料理的印象。

媒體人的圓夢之旅

　　跟林昌勝大哥早在十幾年前就認識（是不是不小心透露年紀？哈哈），他是苗栗廣播界的前輩，沒想到十多年後再見，他已經到法國藍帶廚藝學院學藝兩年，令我羨慕的是，他學成之後，完成目標返鄉圓夢，開設了這家餐廳。「我原本媒體的工作很穩定，一直做下去，生活無虞，但我喜歡做菜、嘗美食，也想要開一家自己喜歡的餐廳，不想讓自己後悔，所以就辭掉工作、義無反顧，圓夢從法國藍帶學院開始。」林昌勝說。

　　早在法國學藝之前，他就走遍七十幾個國家，嘗遍各國美食，身為美食主義者，當然希望把自己最喜歡的美味，介紹給大家。只是為什麼餐廳要叫「卡卡松」呢？「我的餐廳是以法國西南部小鎮卡卡松為名，就是希望苗栗也能有南法風情，讓大家在這裡可以很悠閒的享受法式美食。」林昌勝先替我介紹餐廳環境，囑咐我參觀完，別忘了靜靜地發呆。

「照片提供：卡卡松法式餐廳」

樓下是開放式廚房，廚師用什麼材料？選什麼食材？怎麼精心手作？透過玻璃帷幕一目了然。這裡也強調在材食材，所以在地的檳榔心芋頭，當然也可以跟法式料理很對盤，「香煎栗子雞搭杏鮑菇」裡也可以看到芋頭的身影。

「照片提供：卡卡松法式餐廳」

卡卡松的南法風情

　　一進大門，庭園造景、巴黎鐵塔、千坪草皮、花卉樹屋、駐足拍照，可以讓大家喘口氣，忘卻繁忙的步伐，接著曬曬太陽、感受鄉村陽光後，再慵懶地走進餐廳等候接待。卡卡松的負責人林昌勝，很認真的整理一草一木、一磚一瓦，就希望讓大家踏進這個氛圍開始，就能放慢心情、放慢生活節奏、用心品嘗料理。

　　餐廳真的很有南法小鎮的味道，很多裝飾品都是購於歐洲，也是他遊歷各國的收藏，對林昌勝來說有紀念意義，對顧客來說，真的很有法國味！特別的是他還為單身的男性跟女性準備了國王座椅、跟

皇后座椅,一個人不怕尷尬,也能被待為上賓品嘗法式美食,特別的還有桌上這些小裝飾。「我們沒有一號桌、二號桌,就是用這些裝飾來代替,比如說巴黎鐵塔桌、比基尼桌、薰衣草桌,希望整個餐廳都跟法國風情,息息相關。」

法式料理佐在地食材

卡卡松的廚師群,更是廚藝精湛!三人小組除了林昌勝之外,還有美女主廚江珮璇、法國籍廚師班傑明。班傑明是保羅博古斯廚藝學院的畢業生,而江珮璇跟林昌勝是藍帶廚藝學院的校友,三個人有精湛的廚藝,更有共同的理念,所以決定一同完成夢想。林昌勝:「當初開店,沒有想過在台北市,也沒有覺得一定要在大都市,因為我跟江珮璇都是苗栗人,我們會覺得:為什麼苗栗就不能有精緻美食、一定只有美味小吃?苗栗想要品嘗美味,不是去台中、就是到新竹。我們希望苗栗變成美食之都,而我們就是這顆種子,希望它慢慢發芽、茁壯,所以我們返鄉,就在這個美麗的小鎮圓夢。」

「法式料理的精神，就是用在地食材製作精緻料理，所以我就想法式料理用馬鈴薯當配菜，台灣的地瓜又Q又甜，口感也不輸馬鈴薯，一定也能做成美味佳餚，像我們把它跟牛肉做搭配，也很受青睞，不用高檔食材，也可能成就極致美味。」完全強調手作、自己開發菜單，所以每道菜都有驚喜林昌勝説：「杏鮑菇也是法式料理沒有的，因為法式料理大多用的是蘑菇，我覺得台灣有很多很棒的食材，都是可以放入菜單當中，不過我要強調，該進口的油品、食材，絕對真材實料不打折。」

挑逗味蕾的季節菜單

我的卡卡松美食之旅，從首先上桌的一口小點「鮮蝦蕃茄」開始，嘗一口就令人驚艷，用蝦夷蔥點綴，很清爽的味道。而「法式培根佐蘆筍糖心蛋」，糖心蛋上面綠綠的蔬菜是「青江菜」，另外用帕瑪森起士，增添淡淡的奶香。「在起

士底下還有洋蔥泥，您可以逐一品嘗他們的味道，在一起一口品嘗。」說菜人精彩的解說，也讓餐點更加美味。

　　主菜是「橙汁鴨胸佐紅蘿蔔泥」，鴨胸煎的恰到好處，讓宜蘭櫻桃鴨的美味發揮到極致，紅蘿蔔泥香甜的口感，也令人難忘。「當令食材尤其吸引人，所以我們一季會換一次菜單，然後如果母親節、父親節等節日，也會推出特色菜單。我覺得台灣的蔬果，完全不輸國外，希望能夠用不同的口感，詮釋這些美味食材。」江珮璇說。

　　在這裡用餐，除了滿足了味覺，也可以讓自己完全放鬆！我光是盯著門口的白鷺鷥、還有藍天、綠地，就真的會忘了時間流逝。卡卡松真有一種魔法，讓時間可以凝結、讓沉沉的腦袋得以甦醒。

苗栗124縣道是我相當喜歡的旅遊路線，可以感受三灣、南庄、獅潭之美，南庄老街的洗衫坑、老郵局還有巴巴坑道，都有故事，一頁頁的過往篇章，寫下的是前人胼手胝足的扉頁。每每到了南庄，就會到南庄桂花巷走一遭，巷弄之間靠著紅磚道串連，一磚一瓦、搭上小販認真的叫賣聲，深入尋寶，處處都有驚喜。如果想要探訪古道、沐浴在芬多精的氛圍中，往頭屋、銅鑼走，鬱鬱森林、參天古木、尋幽探訪，可以讓你忘卻惱人塵囂。

南庄老街「桂花巷」

南庄老街桂花巷的入口，是百年洗衫坑，洗衫坑以前是客庄婦女生活不可少的洗衣所在，昔日每日都可見三五婦人，坐在洗衫坑旁話家常，景物依舊、人事已非，隨著時間流逝，現在多了遊客在這裡，用冰涼溪水洗洗手，盛夏到來，這裡的溪水可是能夠消消暑氣。

🏠 苗栗縣南庄鄉文化路與民生街口（洗衫坑）

順著洗衫坑走進老街，映入眼廉的各式客家美食，絕對能讓老饕飽餐一頓，必吃的小吃，超推客家湯圓，鮮切的水果、配上又Q又彈牙的湯圓，另外搭上南庄的招牌「桂花釀」，光用看的就已經垂涎三尺，甜滋滋的美味，也令人難忘，而老街上也能買到福菜、蘿蔔乾等各式客家的醃漬物，這些都是客家婆婆、媽媽的壓箱寶。

南庄百年老郵局

用檜木打造的百年老郵局，民國十二年已經在南庄陪伴當地居民，當時稱為南庄郵便局，民國二十四年大地震之後重建，而重建之後依舊很有特色，因為把側面變成正面，和風建築味道十足，也讓南庄老街，多了份日式風情。南庄百年老郵局，在二〇〇三年經公告，登錄為文化資產。雖然老郵局變成了觀光景點，但是還是提供明信片、個人化郵票等等，讓遊客可以在這裡寄明信片。看看老郵局，經過百年歲月的演變，幾度翻修，有了新面貌，復古式的重生，讓年輕世代，也能跟古早郵局的氛圍搭上線。

⌂ 苗栗縣南庄鄉文化路5號

三灣巴巴坑道休閒礦場

三灣南庄交界的巴巴坑道，也是我很愛的一個景點，因為業者保留了舊坑道原始的樣貌，又另外搭建了一座礦坑實景，雖然仿真程度高，但別擔心，業者做足準備，提高安全係數，絕對安全，遊客可以摸黑，在礦坑中走一圈，實際體驗前人辛勞，循著前人足跡，可以採煤炭、採陶土，也有礦工，特別回來遙憶當年。

⌂ 苗栗縣三灣鄉祭山湖15之1號

三義勝興車站

　　標高四百零二點二三六公尺的勝興車站，是台灣西部鐵路最高的車站，百年的木造車站，有著濃濃的日式風情，另外還有七個隧道群，讓遊客可以感受舊山線的美麗風光。走累了，可以在這裡休憩，商店、餐廳林立、各有特色，如果想要品嘗客庄擂茶，這裡還有甜、鹹、辣三種口感，不論是熱的、還是冰的擂茶，都有各有擁護者。

⌂ 苗栗縣三義鄉勝興村14鄰勝興89號

銅鑼天空步道

　　位在苗栗銅鑼的天空步道，視野相當遼闊，也是賞桐花的私房景點，居高臨下賞美景，群山氣勢令人驚豔，特別的是，天氣晴朗時，可以俯看西海岸的一望無際的海洋。而夕陽西下，沿著八公里長的九湖自行車道，除了漫步天空步道，還能欣賞茶園風光、也可一遊挑鹽古道、九華山大興善寺，騎鐵馬在綿延的綠色隧道裡慢遊，真的是一大享受。九湖自行車道因為有天空步道的加持，被稱為是全台灣最高、最美的自行車道。

⌂ 苗栗縣銅鑼鄉九湖村

頭屋鳴鳳山古道

　　苗栗頭屋的鳴鳳山古道，它是台灣
十大古道之一，原本是運送物資的小
路，現在成了許多遊客最喜愛的登山步
道，位在獅潭與頭屋鄉交界，古道主線
有三公里，而沿途則有十一條網狀路
線，總長四十二公里，形成了一個古道
群。鬱鬱森林、參天古木、走一趟感受
先人篳路藍縷的精神。

🏠 苗栗縣頭屋鄉鳴鳳村

「益新茶園」的老闆娘翁蕙君，
首創「九蒸九曬九品嘗」，也就
是利用客家傳統酸柑茶與紫蘇、
紅棗、金桔、洛神、陳皮、枸杞
檸檬、黑糖及桂圓等九種食材結
合，讓酸柑茶也能有與眾不同的
喝法，相當受歡迎。

獅潭益新茶園

　　如果想喝客家好茶，到獅潭可以品嘗九
蒸九曬的養生茶品「酸柑茶」。「益新茶
園」位於獅潭鄉，有特製的酸柑茶製法；酸
柑茶是用口感比較酸的虎頭柑製作，因為虎
頭柑較酸，是過年用來裝飾，代表大吉大
利，但是過完年後，虎頭柑就得丟棄，客家
人愛物惜物，不捨虎頭柑遭到浪費，所以才
用虎頭柑來製茶，不過製作酸柑茶相當花功
夫，得經過九蒸九曬，才能完成。

🏠 苗栗縣獅潭鄉新店村新店5鄰3-1號

台中

CHAPTER 5

動人創新美食

作為中台灣都會圈的核心，台中近年快速發展，積極求新求變的城市風貌，與外來飲食文化結合，呈現出別樹一幟的動人風情。快跟著怡潔與敏華一起出走大台中，品嘗台中的動人創意料理！

百年餅鋪變身台式下午茶

林金生香・研香所

⌂ 台中市南屯區萬和路一
段59號

☎ （04）2389-9857

♨ 8:30～20:30

$ 手作體驗280元

午后南屯老街上純樸的店鋪偶而門上的銅鈴響起，或者遇過有人以為這裡是香鋪，或者以為老闆叫做林金生香，大多數的人直接說要買餅。第五代的林家女婿，同時也是研香所的執行長──林玉凡，決定用年輕人最愛的下午茶，搭起傳統與現代的橋梁。

在地老店，百年風華

　　二〇一五六月十三日，這是一個有故事的日子。好友芬芬出嫁了，一嫁嫁到距離台北要四個小時車程以外的彰化。婚禮這天清晨，抬頭就是一片湛藍，天公都作美，開車南下也格外清新。雖然好遠，但是看到了最漂亮的新娘芬芬，送上我滿心的祝福，芬芬的笑容讓我的心情也甜甜的。只是從接到喜帖，就默默想著去彰化參加婚禮後，北返要慢慢玩回來的我，卻直到要離開婚禮現場都沒譜，也許是天氣太熱，腦海裡冒出個不常出現的念頭，何不到台中來杯道地的珍珠奶茶吧？卻沒想到最後是在南屯老街邂逅了別處喝不到麻芛拿鐵！

　　匯聚了南北精華，這幾年的台中美食地圖越來越豐富，不過台中的繁華和富饒最早要從南屯老街也就是犁頭店區說起，當時因為農民要買賣農具，就在萬和宮這座三級古蹟附近形成了打鐵鋪子的聚落，在這個台中第一個發展的地區，麵龜阿塗從西元一八六六年（同治五年）時開張，只要在地人都認識，當時專門製麵，日製時期第三代的阿嬤林童換善用麵粉、糖、鹽的專賣，讓麵龜阿塗不再只賣麵龜，也賣起狀元糕等糕餅，根據史料他們有了自己的店名叫做金生香，民國

初年跟流行，在店名前面加上店家的姓氏並且用紅線條圈上，沒想到紅色圈圈斑駁，於是就被叫成了林金生香了，到三、四年前正名為「林金生香·研香所」時，已經走過一百五十年。

傳統麻芛味，創意新吃法

「神龕糕、狀元糕、鹹餅，其實這些味道都曾經出現在年輕人的童年生活中，只是現在生疏了，而我們要做的就是拉近彼此的距離」，第五代的林家女婿，研香所執行長林玉凡，決定用年輕人最愛的下午茶搭起傳統與現代的橋梁。做下午茶不難，但是要不辱百年餅鋪的招牌，更要有在地的連結性，讓老店鋪的好手藝在新創意下繼續傳承。林玉

凡選了老一輩台中人心中一個快要失傳卻又熟悉的味道,做為情感的交叉線——麻芛。

　　日據時代黃麻是台中出口的大宗,大量的黃麻纖維也被做成麻繩和麻布袋,勤儉的台灣人就把黃麻上的嫩葉製成麻芛,也就是中台灣夏天最佳的退火佳品。麻芛營養價值非常高,以往深綠又濃稠的汁液帶著厚重的苦澀,常常被加入蝦米等佐料,做成湯品。但既然要做下午茶,麻芛得要入甜品,這就是挑戰的開始!除了麻芛製作相當困難,十斤麻才能做成一斤麻芛,另一項難解習題就是去苦味,做甜品的師傅得透過一次又一次磨嫩葉、瀝除苦汁,才能留下舌尖回甘的滋味。於是麻芛變身成麻芛拿鐵、麻芛戚風甚至是麻芛茶凍,每一樣都讓人味蕾甦醒,只為那不做作、清新不膩的青草甘味。

古早味糕餅,每塊都成咖啡良伴

　　在林金生香研香所除了以麻芛當作亮點,最有「台味」的莫過於阿嬤的各類傳統糕餅,都成了台式下午茶的要角,尤其是林金生香著名的鹹餅更是一定要入

菜單，堅持自炸的豬油加入冬瓜糖和油蔥、蝦米爆香後的餡料，做成濃香不膩的鹹肉餅，百年熱銷。

　　吃餅配茶不稀奇，為了讓鹹餅也能搭咖啡，第五代的年輕人拜訪茶農，甚至三顧茅廬咖啡專家，卻一度找不到適合的咖啡配鹹餅，為此還延長試營運時間，最後咖啡烘焙師嘗試用幾種輕焙的豆子以神奇的比例混合，調出了名為「Osaka大阪」的咖啡，輕焙咖啡的淡雅，搭上嫁娶時的鹹餅，這層次豐富搭載著對未來圓滿期盼的套餐就取為圓圓滿滿。

　　而翻開菜單還真的宛若走過人生每個重要時刻，讓人驚喜連連；像是林家迎接第六代的喜悅剛好也趕上菜單的設計，套餐叫做小孩兒，養育孩子的甘苦，就像是一口麻芛的滋味，孩子滿月要送蛋糕，師傅乾脆融入這數不盡的甘苦，運用台中南屯的麻芛研發出麻芛戚風，搭上麻芛拿鐵，品嘗時嘴角上揚，也許真是生養孩子甘多於苦吧。而小孩兒最愛的麻荖和麵茶，在台式下午茶的菜單裡也要創意新登場，香甜麵茶添加打泡牛奶，灑上些許麻荖，搭配拜拜祭祖用的神龕糕，改良過的尺寸一口一個，取個吉祥諧音──吃麻荖，吃到老老老，而這些典故讓台式下午茶有了畫面感。

為了讓大家更了解老店、老餅鋪的歷史，研香所以鎮店之寶——狀元糕，設計DIY手作壓模，想給大家討個好喜氣。一共可以體驗三種口味的狀元糕：綠豆、麻芛和芝麻。一旁木盤上的糕點就是我親手做的，先悄悄透露訣竅，溫度要夠高，油脂才能夠讓表面光滑，容易脫模，所以一定要耐心的搓揉喔～祝福大家都能品嚐到漂亮的狀元糕！

百年老屋，每面牆都有故事

　　更有畫面的是老屋的每一個角落，像是舞台，上演著麵龜阿塗六代人的故事，土角厝是清朝時的背景，日治時期嚴禁紅磚屋瓦，可愛的林家人就把紅色磚造拱門給藏在屋內，而有點點小花的磁磚牆則是五六十年前陪阿媽做狀元糕的廚房一隅，設計師翻修出許多被掩埋的老建築，這裡是一百多年的布景，那裡是七十年，而吧檯可是極簡現代的大理石檯面，彼此交融，一切彷彿靜止在那樸實的年代，下回路過這，可別以為林金生香是香鋪，走進店裡來一份屬於自己的台式下午茶吧，和老屋一起演出光陰的故事。

　　走出林金生香研香所已經傍晚，橘紅夕陽下的萬和宮讓人很恬靜，想起芬芬的笑容。

百草饌

體驗神農嘗百草的感覺

「三餐老是在外，人人叫我老外，青菜在這啦！」看到「百草饌」會覺得終於可以好好的清腸胃，因為一進店裡，就會忍不住哇哇哇，好像到了植物園！這裡野菜的種類之多，真的會令人嚇一大跳，而且檯面上的野菜通通可以吃到飽。

🏠 台中市西區精誠路187號

📞（04）2320-2556

☕ 週一～週四11:30～21:00，週五～週日11:30～22:00

💲 成人平日359元，假日389元（加收一成服務費）

原來牧草也能吃？

還沒入坐，就忍不住逛一圈，看了架上的蔬菜很驚訝，因為很多的野菜是聽也沒聽過，看也沒看過，但老闆張獻文把野菜的好處、種類、寫得很清楚，讓上門的饕客可以依個人需求來食用。看到架上的蔬菜，還真的是長了見識，因為有甘甜巴參菜、胡椒菜、甜肉桂、糯米團、白鳳菜、紅梗落揆等等，這些

野菜感覺就是爬山會看到在腳邊的葉菜，沒想到也能吃進肚，每吃一口，都覺得大驚奇。

別擔心不知道吃進肚的是什麼菜，因為在架上，老闆把辛苦蒐集來的資料，寫得很清楚，比如說：白鳳菜可以促進新陳代謝、紅梗落揆則是有多種營養素、紅藜有穀類紅寶石之稱。吃完一輪，真的是忍不住拍手叫好，親友團更是直呼：「這是一個禮拜的蔬菜量吧！」我還吃了牛、羊會吃的牧草，這牧草硬邦邦的，煮過還不知道怎麼下手，張獻文也會在旁邊介紹，他說：「只要剝掉外面一層破殼、吸吮裡頭的牧草汁即可」，是不是很神奇，從來沒想過牧草可以這樣吃。

另外赤道櫻草，也是很多會嘗試的野菜，甜甜的，很爽口。張獻文：「這可以抗氧化，而且營養相當豐富，口感也不錯。」來吃野菜鍋，感覺也上了一堂植物學呢！「蔬菜每隔幾天，我就會自己從台東運到台中，來回十三個小時，真的很辛苦，但為了讓大家吃到最新鮮的野菜，我甘之如飴。」原來這裡總共有四十幾種野菜，通通都來自台東森永部落，也是張獻文的老家。

復育野菜，回饋台東鄉里

張獻文說，以前不斷的在異鄉工作，後來發現小時候吃的野菜，現在相當罕見，他就決定搜集全台的野菜，在家鄉開發野菜園。張獻文：「我試過至少一百

吃鍋的同時，會覺得自己好像神農氏嘗百草，真的是很特別的體驗，而這也是張獻文親力親為的成果。

種以上的品種，不但蒐集菜苗要花功夫，種植也是一門學問，因為這些野菜原本散布在全台灣各地，已經適應當地的氣候，要移來台東並不容易，所以我也特別跟台東縣農業改良場合作，每天都要針對土壤、生長狀況，進行研究、分析。」

努力終於有了代價，現在的野菜園，至少有四十幾種品種。「其實我的野菜園，除了讓大家吃到純天然之外，也希望能夠幫助部落的居民，讓他們有一份安穩的工作，畢竟鄉下地方工作不好找。」野菜園有十幾個工人幫忙種植，張獻文達成願望，讓家鄉的原住民發揮一己之長，也能有工作可以養家糊口。

湯頭清甜，熟食也講究

湯頭很簡單，只有單一選項，就是老闆特製的口味，只有用紅棗、枸杞去熬煮，所以湯頭甘甜也清爽，張獻文認為，這樣才不會蓋過野菜的口感。而店內的醬汁，也是獨一無二，有酸辣莎莎醬、刺蔥香椿、野菜青醬、還有梅醋醬，我偏好梅醋醬、酸酸甜甜，搭配新鮮野菜真的很對味，這本書很少介紹吃到飽的餐廳，因為老是覺得吃到飽，不但對身體造成負擔，而且也浪費食材，不過這回介紹的野菜吃到飽，反而會讓消費者，有著飽飽的滿足感。

　　店內也有熟食區，不光蔬菜鍋值得推薦，熟食區許多餐點也令人難忘。比如說炒肉片，用的是馬齒莧拌炒、然後銀絲卷裡面則有刺蔥、小饅頭也加料，成了藥蔬饅頭、穀飯則是營養十足的薑黃飯。另外，飲料是老闆用七種蔬果特調的活力汁、想喝熱的話，則有提神補腦的香蘭茶，不論是鍋物、熟食、還是飲料，每一樣都會讓上門的饕客，驚喜連連。老闆不斷的嘗試、創新，所以自信滿滿，在台中最競爭的區域，開起一家台中獨家的野菜鍋，區隔市場，果然打開養生新市場。

原始風味，健康少負擔

　　雖然店內有提供魚、牛、豬等肉盤，但是老闆還是建議來到店內一定要先吃他們的野菜鍋，自己挑選喜歡的野菜，然後涮煮十五秒就可以品嘗了，每一種野菜都有天然的風味，無可取替，也是一般坊間的涮涮鍋吃不到的。「我們沒有空心菜、白菜、高麗菜等選擇，只有數十種的野菜，而這些野菜，以前都是長在山邊、自然生長的，最天然，種植也很方便，完全不需要噴灑農藥，但民眾也別以為路邊的野菜都能採來吃，因為環境已經受到汙染，許多的葉菜也是，所以我才希望，讓大家吃到原始風味。」

　　張獻文用台東部落，不受汙染的土壤種植，最純淨的山泉水灌概，老闆不斷強調自己無毒有機的理念，我想這也是他經營火鍋店與眾不同之處。各種野菜在嘴裡咀嚼，反而羨慕起以前純天然的年代，這些野菜，不像基因改良後的蔬果、鮮甜可口，而是多了苦味、澀味、還有草味，但也全是原味。現代人吃多了加工食品、垃圾食物，真的會想讓身體有機會吃到真正的「食物」，所以這也是店內常常高朋滿座的原因吧！

（本篇照片提供：樂沐法式餐廳）

樂沐法式餐廳

賓至如歸的法式料理饗宴

🏠 台中市西屯區存中街59號

📞 （04）2375-3002

☕ 週三～週日11:30～14:30，18:00～22:00（週一、二公休）

💲 1200元起

在地食材換上法式新裝，創意菜色挑動味蕾，獨特口感在舌尖曼妙輕舞；陳嵐舒憑著對料理的熱情在國際殿堂尋夢，用堅持成就屬於自己的美味王國。

美女主廚的法式料理

　　台中樂沐Le Moût是美女主廚陳嵐舒實踐夢想的第一家店，每每到樂沐享用美食，都有不同的感動。從訂位開始，就會讓你有賓至如歸的感覺，店員會細心詢問：「有什麼不喜歡的食材？」問過之後，他們會銘記在心，就算食材只用在醬汁，他們還是會幫你特別留意，我有幸到廚房參觀，整個作業流程，更令人嘆為觀止。

　　一進大門，就有專人為您服務，雖然不是米其林餐廳，也不是五星級飯店，但是用餐規格，等同於米其林，更甚於五星級飯店，而老闆陳嵐舒，是個七年級的大美人，被稱為是台灣第一美女主廚，她就是帶領樂沐入選法國「Relais&Chateaux」的傑出主廚。

　　陳嵐舒是台大外文系畢業的高材生，不過烹飪才是她的最愛，畢業之後，她先到法國藍帶學做甜點，再到宮庭飯店（Hotel du Crillon），還有法國知名的廚藝學校（ESCF-Ferrandi）學習法式料理的技巧，她也曾到米其林三星餐廳學廚房管理，學了一身好本領的陳嵐舒，二〇〇八年回國之後，她決定從她最愛

的台中出發。陳嵐舒：「我小時候就很喜歡自己看食譜學作菜、我忘記從什麼時候開始，已經可以做出一整桌的菜，大學的時候又喜歡做甜點，我做的甜點，很多同學都很喜歡，所以我就決定往自己的夢想前進。」憑著熱情、她勇往直前，果然打響名號，很多老饕會不遠前來，就為了品嘗陳嵐舒的手作料理。

挑剔味蕾成就法式王國

樂沐每一季都有新菜單，會依時令、食材而有不同的變化，而樂沐的桌邊服務，也會令人豎起大姆指，每道菜都會有個「説菜人」，很認真的分享著，料理的特色、食材、作法、仔細到醬汁是用幾種蔬菜混合，通通説給您聽，每道菜都令人讚不絕

口，以開胃菜來說，連上頭裝點的「綠豆芽菜」，都很花功夫，因為這是工作團隊一一挑選，每一株三片葉，一定得都造型完美，才會端上桌，一點點小折損，就得淘汰出局。

小螯蝦生蠔與蛤蠣珍珠、陳年伊比利火腿與蕃茄、玉米醬汁肥鴨肝、油封香草豬腹肉、嫩煎菲力小牛、緬甸龍蝦、鮪魚跟北非香草沙拉⋯⋯等等，每一道菜都好像到羅浮宮看展覽，會讓你不斷的發出驚嘆聲！而醬汁也是精心特調！像是嫩煎小牛菲力的醬汁，是法式洋蔥湯跟青龍椒調製；波士頓龍蝦用的是番紅花醬汁、柳橙芥末醬，醬汁也值得細細品嘗。

「Relais&Chateaux」在全球只有五百家會員，台灣只有北投的三二行館還有台中的樂沐，套句網路用語，你就知道樂沐有多威了吧！

讓台灣食材躍上國際舞台

豬肉料理也是變化萬千，樂沐把豬頸肉、豬腹肉還有豬頭皮，分別用滷、烤、炸處理，用不同風味來呈現豬肉不同部位的特色，豬頸肉變身成為義式小餃子、豬腹肉拿來火烤、炸過的豬皮香脆富有彈性，整盤料理，再搭配了一杯超香醇的威士忌酒，老饕們說，吃陳嵐舒的菜，就好像會上癮，很期待每一季的新菜單，非得上門品嘗不可。

陳嵐舒：「我到法國學料理的時候發現，大受歡迎的佳餚，大多都是結合當地的特色食材、時令美味，所以我會不斷研究，用台灣食材結合法式料理，做最美妙的搭配，做出獨一無二的法式菜單。」就像台灣的綠竹筍，也能變身成為法式料理，只要用香椿醬、加上黑橄欖油，口感大大加分，許多外國食客覺得不可思議，原來台灣的綠竹筍，這麼美味。台灣最家常的食材，經過陳嵐舒的

巧手，就能發揮到極緻，還躍上國際舞台，這就是陳嵐舒的驕傲，她讓台灣農產品閃耀著光芒。

　　台灣的鹹鴨蛋，也可以變成相當吸晴的特別來賓，因為陳嵐舒把台灣紅紺魚，跟鹹鴨蛋結合的恰到好處。陳嵐舒：「有時候吃便當，也可以是創意來源，像是吃苦瓜鹹蛋的時候，我也會想想，法式料理是不是可以怎麼樣跟鹹蛋結合，對我來說，旅行可以激發靈感、吃便當也能激發靈感，只要用心感受，創意就能湧現。」

精緻精緻再精緻

　　她對團隊的要求非常嚴格，因為她說正宗的法式料理就是如此，唯有如此，才能讓法式料理，精緻、精緻再精緻，而參觀廚房更令我大開眼界，有人專門油炸、有人專門煎、煮，另外也有人專門「做手工」，光是放在甜點一角的地瓜餅，就得先把地瓜切條，再交叉編織成一公分乘一公分的正方格，這麼花功夫，

就為了成就一塊完美的地瓜餅。陳嵐舒：「不只地瓜餅，以果凍條來說，一定要用尺量，每一條都得一公分乘三公分，因為規格化才能讓每一道菜完美呈現。」對陳嵐舒來說，味道有高有低、有深有淺、她希望每個人每一道菜吃起來是一樣的美味，不是有的人吃到的甜一點、有的鹹一點，所以規格化、制度化，也是法式料理的堅持。

作菜很堅持、用餐環境也很講究，桌巾得要用熨斗整燙、水晶杯一定要閃亮亮，上頭的品牌標誌，應該對準那裡？刀、叉必需相隔幾公分？椅子怎麼擺？這些也通通都要規格化。不論是廚房作菜、還是餐廳的事前準備功夫，就好像欣賞好萊塢介紹米其林美食的大片，每個細節都不馬虎。

陳嵐舒的法式王國，獲獎無數，有美食也要搭美酒，所以她特別設計了一個酒窖、請來專門的侍酒師，讓餐廳完全符合米其林的規格，說到美酒，二〇一五年，樂沐還得到大中華地區年度最佳酒單大獎，台灣就只有二家榮獲這項殊榮，除了台北東方文華義大利餐廳之外，就屬樂沐！陳嵐舒怎麼用心打造她的餐飲帝國，細細品嘗就能感受。

樂座爐端燒

用船槳上菜的道地日本味

🏠 台中市熱河路二段120號

📞 （04）2238-7739

☕ 17:00～24:00

💲 紫蘇蘋果80元、日本麻糬80元、嚴選黃魚一夜干320元、銀杏120元、明太子烤小洋芋95元、芥末青椒120元

什麼是「爐端燒」呢？樂座的店長孫麗雪說：「爐端燒料理，最早起源是在宮城縣的仙台市，海港的漁民在小料亭內，把撈到的漁獲用海鹽調味，再用炭火燒烤，而客人就圍坐在四方型的圍爐邊，主人在爐火的一端燒烤食材，為了不讓客人頻頻起身，所以把烤好的食物用船槳遞給客人，這樣的飲食方式，就是爐端燒。」

新鮮食材現烤，銀杏、荸薺口感一絕

　　到了這間日本料理店，真的覺得日本味十足，尤其在點菜的時候，服務生吆喝的菜名都是日文，再搭上裝潢跟口味，真的會有置身日本的錯覺。

　　爐端燒的飲食模式，會把最新鮮的海產、還有蔬果放在客人面前，讓客人挑選，所以我們的座位前，有很多當令食材，讓我垂涎三尺，而映入眼簾的蔬果，馬上引發我的好奇心，因為裡頭有「銀杏」、「無花果」、「荸薺」？這到底要怎麼吃？經過介紹才知道，原來日本人會把這些東西用炭火燒烤，別有一番風味。

　　店長孫麗雪：「無花果熱一下，它的口感很像水蜜桃，非常香甜，而烤銀杏也有特別的香味。」銀杏大部分都是拿來燉湯，很少吃到拿來燒烤，本

爐端燒的緣起，另有一說是因為日本天皇下鄉巡視，到爐端燒的餐廳用餐，師傅不敢直視、也不敢靠近天皇，所以才以船槳遞食物給天皇。無論如何這種上餐方式真的讓大家很驚喜！店內的菜單也讓人拍手叫好，因為有很多與眾不同的招牌菜。

①

來以為銀杏用烤的，會有苦味，但這一道下酒菜，吃起來倒是很像煮過的花生，有香氣又有嚼勁；而荸薺烤起來，也特別清脆爽口，難怪有「地下雪梨」的美稱。

日本求學現靈感，原汁原味帶回台

常有人問老闆湯鎮是不是日本人？為什麼會開一間這麼有味道的日本料理店？其實老闆是道地的台灣人，但因為在京都求學時候，就愛這種傳統老店的氛圍，所以把日本味原汁原味的帶回台灣。「我在京都念書的時候，看過這種爐端燒的小店，這種餐飲文化實在太特別了，連日本當地都愈來愈少見，所以我決定回台灣開這樣的店。」湯鎮對建築

設計，也很有研究，他說如果不是愛料理，應該會是建築師或是設計師，所以店內的每一角，都有濃濃的日本風。

「我在日本很喜歡看日本的傳統建築，那種建築的美感很吸引人，所以店內，從鳥居到料理亭的屋簷，這些細節，我都有考究，不論是尺寸、造型都跟日本一模一樣，而很多飾品，也都是直接從日本進口，像是門口的大燈籠、還有日本神社用的鈴噹等等，都是特別引進。」這棟建築物，從裡到外古色古香，百分之八十都是木造，真的很像在京都用餐。

從菜色到裝潢，都是濃濃日本風

老闆在日本當地求學生活，也到當地的餐廳打工，所以對於日本的烹調方式、家庭料理也相當熟悉，所以菜單上，也能吃到很道地的開胃菜、下酒

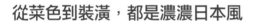

⑦

菜，像是「紫蘇蘋果」我就超愛的，用紫蘇的香氣醃漬蘋果，讓蘋果吃起來香香甜甜；「牛筋煮」也是滷的超入味、不論是蘿蔔還是牛筋，真的很像日本的家常菜；還有還有日本「烤麻糬」香香ＱＱ，朋友一樣讚不絕口；「燒烤日本小青椒」也令人難忘，因為説是小青椒卻是超大一份，而且超鮮甜，根本就像在菜園裡現摘的，完全沒有苦味，配上芥末粉、鹽巴，立馬又再點了一份；另外「明太子烤小洋芋」，也是好吃的説不出話，老闆説：「不論是生食、還是燒烤，食材新鮮很重要，所以內店不論是蔬菜、或是漁獲，都是當天下午新鮮直送。」

店內不只裝潢、菜色源自日本，連做餐飲的精神都很日本，看看他們開放式的廚房，我的位置前，一位是專門處理生食的師傅、一位是專門燒烤的師傅，他們從我們開始吃到結帳，全程跪坐（請來賓掌聲鼓勵鼓勵），不只跪坐令人欽佩，完成一道料理，就得馬上用木槳送到客人眼前，跪坐傷腳、拿木槳端料理得用力，我想對手腳的負擔都不小。孫麗雪：「師傅的精神，也是我們的招牌，不過這樣的方式真的很辛苦，所以日本現在的爐端燒，很多都改採站姿。」

「黃魚一夜干」也是店內的主打，這可是老闆跟日本老師傅學的，先將鮮魚對半切開、得要清除內臟、浸泡鹽水，再吊起來經過一夜風乾，這樣魚肉的口感更扎實且細緻，幾乎人人桌上都有一盤。

隱藏菜單大驚喜

　　來這裡用餐，有許多菜單上沒有的美味，不過想吃得要碰碰運氣，當天多了什麼漁獲，隱藏版菜單就會端出不同的料理，像是我們到訪的這天，有新鮮的牡丹蝦、還有馬糞海膽，店員就推海膽軍艦。另外，也有很多試做菜單，像是鮭魚飯糰，飯糰裡有著滿滿的鮭魚鬆，還加入了店家特調味噌，不但香氣濃郁還會回甘；而沒列在菜單上的鮮味漁獲，可以請店員特別推薦一下，舉例來說「竹莢魚刺身」就不一定是天天有，料理方式也有不同，有的時候，師傅會在竹莢魚的表面先炙燒，再淋上店家特調的水果醬，不過這是可遇不可求；「野生大蝦」也是，不論是做黃金燒、還是鹽烤都是一絕。

席拉米主題餐廳

讓酒吧老闆重獲新生的暖心蔬食

🏠 台中市梧棲區港埠路二
　　段320-24巷32號

📞 （04）2656-4512

☕ 10:00～21:00
　　（週一公休）

$ 九宮格套餐300～520元

這是一家在網路上評價很高的店，地點在台中
「梧棲」。聽到梧棲很多人會覺得應該是海產店
最知名吧！但這家店賣的是「蔬食」，店面不
在市區，而是在大馬路的鐵皮屋旁，外觀是橘
黃色的建築，給人溫暖的氛圍，因為老闆徐國
松希望吃他的東西的人，也會覺得身心溫暖。

徐國松的抗癌路

　　店面在二樓，一上樓，老闆徐國松，不論是看到誰，他的眼睛會笑成彎月、然後招呼很親切。第一眼見到他，就覺得他應該要是退休的公務員，但真的想像不到他曾經是酒吧老闆。我們到訪這一天溫度只有十度，所以他們也很貼心的奉上暖呼呼的「薑茶」待客。

　　笑容滿面的老闆徐國松，一邊介紹他的餐廳，也一邊述說他人生的轉折，一場大病讓他的人生開始轉彎。高領的衣服一樣無法遮掩他脖子上的傷疤，這是徐大哥對抗病魔、想忘也忘不了的印記。他曾經很辛苦的對抗扁桃腺癌，開刀、化療，這個過程讓他的脖子被割掉一半，長長的刀疤就像一條蜈蚣，長在脖子上。但這也讓他決定，不跟大自然

老闆很親切又很好客，還帶我們看了他以前的酒吧，地點就在餐廳的樓下，現在變成了私人招待所。他一邊下樓一邊強調，「現在這間酒吧一樣有酒牌，但是我們不賣酒。」不賣酒那賣什麼呢？老闆說就咖啡跟茶啊，他希望上門的人跟他一樣，都能開始重視健康。

對抗，決定聽天命。「生病之後，突然覺得有錢買不到健康，外面賣的東西太油、對身體都是負擔，所以我決定開一間蔬食餐廳，我要把我覺得對的飲食概念，推廣給大家。」

罹癌後醒悟，廣推健康菜

很多人會想：老闆是不是因為愛吃素？愛吃菜？才會想要開一家自己也愛的蔬食餐廳。其實他原本是酒吧老闆，以前根本不吃蔬果。「我從退伍之後就開始經營酒吧，最多同時經營三家店，雖然開的都是高檔酒吧，但作息不正常，所以就被老天爺強迫要休息。」以前的他，總是等到公雞啼、小鳥叫、太陽出來了，才要上床，他的世界很少看到白天，黑夜跟燈紅酒綠才是他的生活。這樣的生活，

再加上一天抽三包菸、陪客人喝點小酒的日子，讓
病魔看到縫隙，悄悄的找上門。

「很突然的，我發現了脖子有硬塊，換了二家
醫院，才發現腫瘤躲在身體裡，之後還轉移到淋巴
結，馬上開刀，元氣大傷，所以出院之後，關掉三
家酒吧，休息了五年。」休息五年放慢腳步，調整
自己的生活步伐，他才開始恢復元氣。「我戒菸戒
酒、改變飲食，什麼癮都沒有了，我現在十點多就
上床。」一天睡滿七八個小時、三餐也正常，果然
讓他有好氣色。他希望大家也能吃得健康，因此推
出九宮格的蔬食餐。「九個格子裡頭有膳食纖維、
有蛋白質、有蔬菜、而且少油少鹽少負擔，除了希
望大家吃得營養，也希望大家吃到食物的原味，所

以我不賣加工產品。」

九宮格蔬食餐，重高纖少油少鹽

　　本來以為均衡營養的飲食，會是清清淡淡就如同白開水沒啥調味，但是席拉米的九宮格，不論是哪一格吃起來，都很驚豔。「你可以從外圍的高纖開始吃起，口感會覺得很豐富多層次。」為什麼口感很不一樣？因為他們青菜不用油炒，用熱水汆燙，然後會再加不同味道調味。「以過貓來說，燙過之後，會再加入一點橄欖油，就有獨特的風味。而這個蒸地瓜你吃吃看，是不是覺得有一種水果香，因為我們把新鮮的柳橙汁一起放鍋裡蒸，所以地瓜就有清新的香氣。」

　　我說不太餓，但是忍不住一口接一口，因為每一口都有豐富的口感，像是它的「胡麻豆腐」，本來以為就是豆腐，但用胡麻醬調味，香氣四溢口齒留香！「胡麻醬是自己做的，而白木耳用的醬燒汁，也是我們調的。另外，我們還用檸檬、金桔等水果做成醬汁調味。我們的醬都是自己DIY的，絕對是新鮮食材，不用化學添加劑調製。」九宮格套餐，把所有的菜分開，不會像便當一樣混在一

塊，不只食物美味，更像藝術品。

三年研發，五載經營，領悟健康真無價

「這蛋是我們用中藥滷製的藥膳蛋，醜醜的那是我們自己做的。」徐國松總是會很細心的跟食客，介紹他的九宮格套餐。「我們不會有太多家常菜，像是高麗菜、菠菜等等，我們就比較少使用，大多都是比較特別的蔬菜、但一樣有營養價值的。」讀完大學的兒子徐立維，現在也是他的好幫手，兒子在廚房，他管廳堂。

徐國松很驕傲的說，不只蔬食是他自己研發，連甜點都是不假他人之手。「那時候想開餐廳，但是到處跟人家學，會發現不是炸物太多、太油，就是加太多的化學醬料，所以我決定一個一個通通自己DIY、自己研究，我休養生息的那五年，我花三年研究蔬食，買了滿滿一整櫃的書」。」徐國松大秀他的蛋型奶酪甜點，從外面的器皿、到裡面奶酪作法他真的用盡心思。

餐廳裡還放著一架鋼琴，原來老闆一家人都非常會彈鋼琴，應我們的要求，他也當場秀了好琴藝，我們聽著琴聲，也聽著故事，他說短短幾年光景，心境真的大不同。「經營酒吧，收入多了好幾倍，但賠了健康。」五個寒暑過去，他以健康料理出發，佐以正常的生活，喚醒身體健康的細胞。因為鬼門關前走一遭，讓他領悟：健康，真的無價！

印度香料屋

台灣印度家常菜的起點

台中市西區健行路1066號

（04）2327-2767

11:30～14:30
17:30～21:30

$ 酸辣牛肉330元、椰香蝦
仁280元、脆薄餅40元、
炸三角包60元、印式熱奶
茶50元

香料王國的印度菜是我很愛的一支菜系，印度
人把上千種的香料，從藥理到料理都運用到淋
漓盡致。有著溫和濃香的椰奶，或嗆辣中有著
強悍的層次，這些道地口感可得要印度人才做
得出來。而台中的香料屋，可說是印度家庭料
理在台灣開枝散葉的起點了。

印度華僑歸鄉路，香料一路伴隨

　　二、三十年前台灣的外銷實力還在頂峰，當時吸引了許多華僑回台灣淘金，其中也包括了林勘如。台印混血在印度生活了二十年，「台灣錢，淹腳目」的憧憬在心中一次又一次的上演各種可能，於是他和同為華僑的妻子一同來台灣築夢。「當時台中是台灣製鞋的重鎮，街上常有各國的採購人員外出找吃的，但是真正的印度餐廳卻很少很少，自己想吃點家鄉味就得要自己煮了。」林勘如說那時想要多賺點錢，做bartender的他就決定轉行開餐廳。

　　在印度時就有餐廳廚工經驗的他，拿起鍋鏟得心應手，卻遇到台灣、印度食材大不同的窘境，一九九四年在台中健行路開第一家店時，幾乎處在天天試菜的狀況。新鮮香草運送成本過高並且保存不易，沒有新鮮薄荷乾脆不要用，單用香菜林勘如硬是調出了挑嘴妻子豎起大拇指的沾醬；印度的洋蔥味濃汁少，台灣洋蔥吃了味道清淡還真讓他流淚，只好在烹調過程中控制水量；唯一難克服的是印度雞吃香料長大，和台灣吃飼料長大的雞，肉質口感都不同，林勘如把香料大神請出來，又醃又浸，總算也把他口中的天然味給端上桌。

還有「碎波菜乳酪」，一道春意盎然的小菜，顧名思義的簡單食材，嘗一口乳酪塊的奶香和嚼勁，竟然和細碎成泥醬的波菜，完美演譯出不搶戲的side dish。

帶動同街異國菜，堅定守住好味道

但是印度菜又辣又嗆的既定印象卻很難被打破，敢踏進門嘗試的人少之又少，甚至有人印度、印尼傻傻分不清，每天都是門可羅雀，開店三年，天天都有著關門大吉一走了之的念頭，但是在家鄉的表兄弟和朋友們面前還是要面子，說的盡是生意還不錯的說詞，結果一票人也想複製成功方程式，於是表弟選了台北天母，好友在新竹、高雄也都開了店。就這樣，好東西不寂寞，道地的印度家鄉味，抓住來台灣採買的印度人的胃，店一多也就越來越多人有機會嘗到，漸漸打開知名度，生意好到二○○四年開始展店。

香料屋開店十年後，健行路上因為他的帶動開始有了泰式料理、越南料理，選擇越來越多元，客源也就相對稀釋，沒觀察到這一點，林勘如的展店計畫兵敗如山倒，最後退回到健行路上，守著這一家

店，但這倒也讓他心中更加踏實，把口味守住，不再做他想。

並陳南北印度味，印度人也捧場

很多料理來到台灣都會發生質變，主要就是為了迎合在地市場，但林勘如只想要把自己在印度生活二十年的味道如實呈現。一道「酸辣牛肉」，牛腱肉塊和十多種香料乾炒，直到香草釋出汁液和肉汁融合成濃醬的狀態上桌，融合北印度偏乾式咖哩的作法和南印度偏辣的口感，滋味厚實多變，絕對能夠滿足重口味的饕客。

而以阿育吠陀療法聞名的南印度香料料理，也在香料屋裡撐起一片天。不同於北印度偏好吃烤餅，南印度因為氣候條件適合稻米，搭配米飯的菜餚就更是夠味，因此像是重香料、椰奶等變化萬千。「椰香蝦仁」就是林勘如專門使用南印度香料和椰奶醬拌炒而成的經典，咖哩醬汁和著白米飯，包你食慾大開。

一些小點也別錯過，除了像零食多力多滋的脆薄餅外，可愛的炸三角包，炸得金黃酥脆的三角形裡，有香料攪拌過的蔬菜泥當內餡，原本沒有太突出的味覺刺激，但淋上檸檬汁，搭配特調香菜青醬，卻是慢慢打開味蕾的前菜好選擇。

不過，有點令我訝異的是印度料理店裡沒有賣拉茶，忍不住問了一下原委，原來老闆覺得那不過就是一種表演，重點是茶粉和煉乳的完美結合，因此店家只有強調他們有賣香濃紅茶，不賣拉茶，或許小店的一切也投射出老闆個性吧。

Uptowner
雙城美式餐廳
讓人耳目一新的美式Brunch

🏠 台中市西區華美街480巷
1號

📞 （04）2326-0429

♨ 7:00～22:00

💲 自訂美式蛋捲260元，切
達漢堡260元

一直覺得Brunch的存在給愛賴床的人貢獻了
最佳藉口，而Brunch確實也在台灣已經火紅
十幾年了，甚至因為市場大，很多地方都是全
天供應，只要你愛，黑漆漆的夜晚也可以吃
得到，吃多了卻也沒啥新鮮感，直到在台中
SOGO後方的巷弄裡遇見Uptowner。

加州般的豔陽 × 美國籍的主廚＝道地美式風味

十一點多晴朗的台中有著加州陽光的味道，在SOGO後方的巷子幾頂戶外大陽傘下，一群金髮碧眼的外國人悠哉的享受那有些微熱的溫度，大口喝著可樂、啤酒，往餐廳裡一瞧幾乎滿屋子也都是外國人，牆壁上幾面大電視正在轉播球賽，進球的時候爽快的歡呼聲此起彼落，開放式廚房裡的美國廚師喊得最帶勁最大聲，熱情的和大夥cheers，原來他就是三位外籍老闆之一，豪邁地邊喝邊顧著鐵盤上吱吱作響的食物。走進Uptowner那瞬間就像在國外，連呼吸都很歐美，但是當初在台中就是沒有這樣的美式餐廳，於是來自美加的這三位好朋友攜手打造Uptowner。

二〇一〇年，留著一臉絡腮鬍的倪瑞明接下機械工程師的工作來到了台灣，才待了三年就決定要常住在台中這個熱情的城市，還頻頻向好朋友招手，馬凱翔是其中一個。馬凱翔的父母原本就在美國明尼蘇達州開了第一家Uptowner，馬

凱翔自己跑到芝加哥開了第二家雙城，沒想到台灣魅力無法擋，馬凱翔一來也愛上台灣，在因緣際會結識了艾爾睿之後，台灣成了三人最大交集。艾爾睿在台中亞緻大飯店和台北亞都麗緻擔任了八年的行政主廚，在三人結識前的二〇一三年開了自己第一間餐廳。這下水到渠成，在馬凱翔收掉美國兩家雙城後，二〇一四年春天Uptowner Taichung開幕，道地美國雙城滋味現在只有台中才吃得到！

　　雙城就像是三人的孩子，從裝潢粉刷到菜單訂製無役不與，要呈現自己從小到大最熟悉也就想念的滋味，美國怎麼樣在這都一樣！在這可以輕鬆看球賽，可以大口喝啤酒，最重要的是餐點不會因為在台灣而比較有台味。

源自美國的焦黃薯條、厚實牛排、巨無霸份量

　　因為菜單琳瑯滿目，就像外國人一樣先來杯飲料邊看邊點吧！我最愛的Omelettes，這裡的變化可多了，甚至可以自己搭配愛吃的食材，譬如我超愛蘑

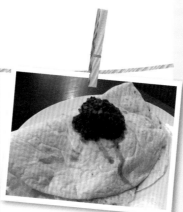

純美式不妥協，應該這就是Uptowner受歡迎的原因吧，讓這裡總是有許多外國朋友用餐。下回想吃brunch，來這享受一下最道地的滋味，畢竟姊或哥現在吃的是氣氛！

菇就在菜單上。一口咬下，巧達起士那濃郁鮮明的香氣和著自己愛吃的蘑菇，真是過癮！不過這裡我覺得最特別的是薯條，它的賣相以吃慣速食店的我們來說一定會沒好氣地大叫：「老闆你的薯條焦了啦！」沒有脆薯的金黃色澤，反而是焦焦黑黑的一整盤，嘗起來有些焦焦的苦味，但是細細長長，慢慢咀嚼卻有種獨特香氣，薯餅由絲絲分明的薯條壓成餅狀，咬起來很香，點餐時隨附的也分量足夠。

　　而美式餐廳不吃漢堡要做啥？一定要吃吃雙城的漢堡，用料很是大方，一般速食店裡只有小小半片，雙城的起士一遇熱就像溶漿般包覆一整片漢堡肉，而漢堡肉吃下去會流淚，剛剛好的油脂讓口感滑潤豐美，熟度恰到好處讓肉汁可以充滿齒頰，而份量也很重磅，標準美國人的分量，讓人一次吃得過癮。

（圖片提供：K2小蝸牛廚房）

🏠 台中市西屯區文心路二段
   213號2樓

📞（04）2251-8862

☕ 11:30～22:00

💲 熱水澡沙拉250元、瑪格
   莉特Pizza450元、卡拉
   布里亞豬肉香腸耳朵麵
   260元

K2小蝸牛廚房

偏執的堅持，帶來極致的美味

聽著主廚王嘉平（JP）的解說，就讓人對Pizza有無限想像，JP是這樣形容他家的Pizza的——我們的Pizza絕對很不一樣，因為做Pizza的廚師特別經過嚴選，個性一定要夠野、夠狂，要有幾分像是Pizza發源地拿坡里當地地位崇高、桀傲不遜的師傅們，這樣才能做出濃濃街頭格鬥況味的Pizza。

狂愛義大利，負笈取經正宗美味

懷抱對義大利美食的狂熱，JP當專業廚師轉眼十二年了，這是一段追尋初衷和歸零後再出發的人生轉折。

美國留學回台後，JP學以致用，在知名運動品牌擔任空間設計師。美食的因子依舊活躍，他最愛利用週休二日的空檔做菜招待朋友。一開始只是憑藉留學生時的做菜經驗，但是大家的熱烈迴響灌溉了開餐廳的夢想。二〇〇二年，JP終於在台中開了第一家店（據說是因為女友受不了每個假日有洗不完的杯碗瓢盆，乾脆開餐廳）。

但是夢想和現實總是有落差，做四個人的料理和做四十個是不同的，就連拿鍋子的氣力都不夠。這讓揹負八成銀行貸款的JP在開店一年後，來到味蕾最嚮往的義大利，從學徒做起。JP說他沒有迷惘，只有日益堅定的回應對義大利美食的著迷，因為「義大利料理沒你想的那麼難，但也沒你想的那麼隨便。」

偏執規定，公告「人等麵，麵不等人」

　　JP開始一年至少兩趟飛往義大利的學徒生涯，在義大利各個區域的實習，鎖定的是當地的小餐館，想學的是很老的菜，那種幾百年來互古不變的感動。老師傅一切照規矩來，十多天的取經，往往頭幾天他得要真的像學徒一樣處理跟人一樣高的朝鮮薊，慢慢領略徹底單純、不偷工減料的滋味，那是一種連鹹和油膩都有層次的驚豔。JP說他就是要去除太精緻的、太刻意、複雜的味道，所以義大利媽媽和港邊的漁夫也成了他取經的對象。

　　十幾年來，義大利二十區，JP的學徒之旅已經走訪十九區。其中JP心中的美食啟蒙地應該是西西里島，有著黑手黨發源地的神秘色彩，JP從這裡帶回不同風情，有如萬花筒般豐富多元的傳統菜餚。

　　「相信，真的有人在乎義大利麵」，義大利麵要怎樣做才叫做真的在乎？JP自有一套理論！他說在台灣隨處可見義大利麵，但是想要擁有真正義大利麵的感動，從第一關恐怕就很難實現──義大利麵現煮現吃。面對坊間大多是預煮備用，JP卻是將他在西西里學到且深植心中的理念，在菜單上大剌剌寫成教條：「人等麵、麵不等人」，因為JP說義大利麵的靈魂就在於麵，好吃的麵是

可以彈牙的、是一種很活潑的滋味，這一點JP像偏執狂一樣硬要來店的饕客買單！

透過美食，向味覺殿堂朝聖

滿腦子義大利美食哲理的JP說，在小蝸牛吃到的絕對是原汁原味，不妨可以先來道熱水澡沙拉，豔紅鮮綠嫩黃的各式蔬果，淋上大蒜爆香和鯷魚拌炒後的醬汁，彷彿洗了一次熱水澡，吃下通體舒暢；接著來一份使用了空運丹麥馬自拉乳酪Mozzarella Dry的瑪格莉特Pizza，瀝除多餘水分後的馬自拉加熱之後，乳香濃郁，口感滑順有彈性，重點是他的「牽絲」效果一級棒，但是JP又說了，他絕對不會用工業型披薩起司，咬起來像橡皮筋，畢竟披薩好吃，是因為廚子懷抱著比爐子更火熱的心！多美啊～～

當然義大利麵是壓軸，一份暱稱為貓耳朵麵的卡拉布里亞豬肉香腸耳朵麵，香腸包括腸衣都是JP依循老師傅的古老祕方，加入香料、和入白酒，與嚴選的前肩肉、下巴肉以及煙燻培根，做最完美的揉合，然後親手灌製。烹煮過程中將熟成的腸衣剝除，加入大量青花菜；麵體使用南方的短麵，已經揮別麵條進入真正義大利「麵」的概念，熱氣蒸騰間，嘗一口肉腸佐著恰如其分的油香，偶有爽口鮮綠，然後一定要慢慢咀嚼短麵皺褶間、醬汁濃薄交替的層次，一嘴的滿足。

我心中的美食詩人JP，就這樣用最簡約也是最原始的手法，挑逗JP迷的步伐，像是走上那靴型的土地上，向義大利這味覺的殿堂朝聖。

當我遇見JP後，我真的覺得會說菜的主廚可能是上帝給貪吃鬼們提升美食知能的無價餽贈，因為JP就像是一位美食詩人，經過他描述的菜五感具足，色、香、味之外，連廚師的心情個性、食材產地的風土民情都融會貫通。

台中從地理位置上來看是台灣南來北往的中心，集結北部的優雅南部的熱情，中台灣有著最豐富的人文色彩，這幾年許多知名的餐飲名店幾乎都是台中立足，插旗南北，甚至放眼國際，仰賴的就是不僅有食的形體更有食的內涵，因此隨著美食行腳台中之餘，這裡的文創更能豐富腳下的每一步。

彩虹眷村

彩虹像是七彩能量的魔術棒，能讓小孩興奮，讓大人把煩惱暫拋；台中嶺東科技大學後方的干城六村裡面，就有這麼一塊接近天堂的神奇之地，住在眷村裡的老榮民黃永阜爺爺突發奇想，用水泥漆把地板塗成繽紛的顏色，然後往牆面延伸，拿起刷子彩筆，畫人、畫事、畫天、畫地、畫童年記憶、畫夢中故人，想畫什麼就畫什麼，把瀰漫暮色

的小村子漸漸點亮。這裡雖然占地不大，但是每個角落都是驚喜，就像是大雨過後初見陽光的霎那，遇見彩虹！

因為彩虹眷村名氣不小，如果可以盡量挑非假日造訪，可以在這斑斕如童話的世界裡感受最有童心的療癒力量。

🏠 台中市南屯區春安路56巷（台中嶺東科技大學旁）

宮原眼科

火車站一直都是旅人接觸一座城市的捷徑，來到台中火車站就一定得要到宮原眼科朝聖，別緊張，不是要你檢查眼睛啦，是要當文青！

一九二七年，日籍醫師宮原武熊在這創辦了宮原眼科，但歷經一九九九年九二一大地震以及二〇〇八年卡玫基颱風的肆虐，整棟建築如斷垣殘壁，一度面臨拆除命運。經過存舊立新的改建，終於在二〇一一年和大家重新見面。

有一回去了二樓的冰淇淋餐廳用餐，很有氣氛，但是價格有些高，別期正餐，來點小點，倒是不錯又且又能感受文青氛圍的好方式。

舊時的紅磚拱廊，和綠能建材膠合玻璃的搭配體現出衝突美。而走進宮原眼科，更讓眼球大革命，像是電影《哈利波特》的霍格華茲城堡，高聳入頂的櫃子排出了圖書館的書香味，你以為的一本本書籍裡頭，卻是「日出」的糕餅美食，書腰上載明的則是食材的出處和特色。（我最愛土鳳梨酥和薑茶）

當然，宮原眼科最有名的莫過於冰淇淋、宮原珍珠奶茶。其中冰淇淋有四十多種口味，配料更是有新意，可以加上乳酪蛋糕或者是鳳梨酥。還有珍珠奶茶，用料實在，茶香味濃。

🏠 台中市中區中山路20號
📞（04）2227-1927

紅點文旅

　　這真的原本是我的私房旅店，但是因為太棒了，二〇一五年初被CNN評選為「最有文創氣息」和「最值得一住」的旅店後，一時之間聲名大噪雖然要訂要有耐心，但是我還是要鄭重推薦給大家——紅點文旅。

　　一次家庭旅遊來到台中，倉促間請常出差的同事代訂，結果他就丟給我這間他前一天才住過的好地方，成了我和紅點的第一次接觸。一進入接待大廳眼

怡潔

想玩到這個全長二十七公尺、號稱是全世界最長的室內溜滑梯，當然要排隊，還是跟小孩子搶了幾回，呵呵！

睛都亮了，高兩層樓的溜滑梯在眼前開展，讓我童心一起就立刻跑到二樓排隊玩了起來。

　　如果只有溜滑梯不能成為我在台中的私房推薦，喜歡這裡主要是因為整個空間設計都很文創：大廳裡理髮廳的椅子成了旅客休息片刻的地方，電梯裡七彩霓虹讓人都High了起來；而一進入房間，外面空間的衝突就完全隔絕，客家花布包裹的床頭板給冷色調的裝潢注入溫度，簡單的陳設卻又貼心，盥洗用品用仿製行李廂的透明外殼，條理分明的放置好，就是一個可以讓人好好放鬆的空間。

　　但說真的，我最期待的還是早餐！有三種選擇，每一樣都讓人愛不釋手，而且還同場加映BUFFET自助吃到飽，所有的食材還都經過嚴選，當然重點是價格高貴不貴，難怪已經全球知名，也就是說要住可得及早規劃囉！

中社花市

　　台中的花海這些年越辦越盛大，有次突發奇想要做花仙子，本來鎖定的是有名的新社花海，無奈時節不對，這才意外發現了中社花市。

　　剛剛好是二、三月間，春天在這裡是由繽紛的各色鬱金香揭開序幕，荷蘭風車的裝置藝術讓人就像是在荷蘭，忍不住多拍了幾張照片，花海鋪天蓋地，走到另一邊還有小木屋，真的是很好拍照的地方。花市外面還有餐飲區，肚子餓時也不妨參考一下。

怡潔

一片紅色的一串紅接著一片百合的豔黃，在花團錦簇間竟然還有浪漫的盪鞦韆，真是牽動萬千少女心啊！

🏠 台中市后里區三豐路469-13號

📞（04）2557-6926

☕ 週一至五9:00～18:00 週六、日9:00～21:00 花海區、盆栽區8:00～18:00

東勢客家文化園區＋東豐綠色走廊自行車道

火車快飛、火車快飛，無論大人或小孩，火車總是有一種魔力能夠深深吸引著人們，只是要看到蒸氣火車機會就很難得，而在台中東勢大埔客家文化園區，就有一台復刻版火車，會有白白蒸氣，更會嗚嗚嗚鳴笛。

仿造一八八七年台灣第一部蒸氣火車騰雲號，雖然將以往的煤炭改為柴油鍋爐作為燃燒動力，但是園區裡真的可以搭火車飽覽沿途景致。更特別的是這座園區，正是昔日的東勢火車站，因此園區後方原本的東勢鐵道，現在就成為了全台第一條由廢棄鐵道改建而成的自行車專用道，全長十二公里，騎來輕鬆自在！

由於東豐自行車道沿途綠色景致一路延伸，因此全名就叫做東豐綠色走廊自行車道，這也是國內唯一封閉型的自行車專用道，沿途風光明媚美不勝收，沿著大甲溪在沒有車輛干擾的情況下，享受鐵馬樂。

造訪當天天公作美，田園、樹蔭下光影交錯成一幅油畫般的畫面，一個不小心走進時光隧道。當年這條支線，一年可以運送七萬五千噸紅檜、扁柏和杉木，還有當地農特產品不下十萬噸，是十分繁忙的鐵道路線，如今有著不同的人們簇擁，交織出不同時代的生活記憶。

🏠 台中市東勢區中山路1號
📞（04）2588 8634

俯瞰台灣的中心——雙人飛行傘體驗

飛行一直是人類最想突破的極限，當飛行員有點困難就來試試飛行傘吧，在台灣的中心點南投埔里，因為氣候宜人再加上地形適宜，就在地理中心碑旁邊的山路往上，台灣飛行傘俱樂部在這裡實現你想飛的願望。

天氣晴朗時就在往山上的第一個停車場旁，飛行傘起跑場地邊隨性搭起的小帳篷，也是飛行教練的袁珮馨仔細確認替大家辦理保險事宜後，她說棚子不重要，重要的是我們要準備迎接毫無拘束的天空。

當初在先生的帶領下迷上飛行傘、並且取得證照的袁珮馨，說她真的很想把這份幸福感傳遞給更多人。因此二〇〇九年起，他們加入台中飛行傘協會，並在台灣的中心開始進行授課和體驗。二〇一〇年結束和虎嘯山莊的合作關係後自立門戶。一次體驗價格每位三千五百元，乍聽之下

有些高價嚇人，似乎比市場上的訂價都來得高一些。袁珮馨說那是因為她確實地要求裝備的安全係數，以及教練資格，畢竟安全無價，這些年這樣的理念越來越受到肯定。

雙人傘的教練帶著我熟練的搭上了一陣風，幾個小跑步身體就輕飄飄的乘風而起，因為不懼高，教練給我特別加碼，來到一個可以遠眺日月潭的位置。每趟飛行約十五分鐘，能飛多遠飛多高可都得要看老天爺的意思。我當天很幸運扎扎實實的將近二十分鐘的飛行。向下俯瞰小房子、小車子，一大片的綠色稻田如棋盤，和一旁高低起伏的山巒竟然在我腳下開展。新鮮的視角，讓人像被灌注新的力量，心中湧起「此刻許願會不會因為更接近天空而被實現」的想法，充滿幸福感！

🏠 南投埔里地理中心碑山上（虎頭山）
📞 0976005507，0910704354（袁小姐）
♨ 11:30～17:30

店家索引

主播美食報

45家動人美食×30處順遊景點
細品北台灣真情滋味

台北

桃園

新竹

苗栗

台中

SANYAU
http://www.ju-zi.com.tw
三友圖書
友直 友諒 友多聞

作　　者	石怡潔、徐敏華
編　　輯	邱昌昊
美術設計	劉錦堂
發 行 人	程顯灝
總 編 輯	呂增娣
主　　編	李瓊絲
編　　輯	鄭婷尹、邱昌昊
	黃馨慧、余雅婷
美術主編	吳怡嫻
資深美編	劉錦堂
美　　編	侯心苹
行銷總監	呂增慧
行銷企劃	謝儀方、吳孟蓉
	李承恩、程佳英
發 行 部	侯莉莉
財 務 部	許麗娟、陳美齡
印　　務	許丁財
出 版 者	四塊玉文創有限公司

總 代 理	三友圖書有限公司
地　　址	106台北市安和路2段213號4樓
電　　話	(02) 2377-4155
傳　　真	(02) 2377-4355
E-mail	service@sanyau.com.tw
郵政劃撥	05844889 三友圖書有限公司

總 經 銷	大和書報圖書股份有限公司
地　　址	新北市新莊區五工五路2號
電　　話	(02) 8990-2588
傳　　真	(02) 2299-7900
製版印刷	卡樂彩色製版印刷有限公司

初　　版	2016年06月
定　　價	新台幣350元
I S B N	978-986-5661-71-7(平裝)

國家圖書館出版品預行編目(CIP)資料

主播美食報：45家動人美食x30處順遊景點,細
品北台灣真情滋味 / 石怡潔, 徐敏華作. -- 初
版. – 台北市：四塊玉文創, 2016.06
　面；　公分
ISBN 978-986-5661-71-7(平裝)

1.台灣遊記 2.餐廳
733.6　　　　　　　　　　　105008145

好康優惠券

戈待旦

此券至枕戈待旦消費，可享以下 2 種優惠
消費滿 300 元，可享前菜或甜湯擇一招待。
消費滿千元，即贈送 100 元折價券。

期限：至 105 年 12 月 31 日止
地點：台北市中山區興安街 93 號
時間：週二～週日 11:00 ～ 22:00
電話：（02）2502-2252

《主播美食報》四塊玉文創 出版

枕戈待旦

坐著做すし握壽司

憑此卷至坐著做すし握壽司消費，可享免費贈送
比目魚鰭邊肉壽司乙個。

使用期限：至 105 年 12 月 31 日止
使用地點：桃園市中壢區愛國路 60 巷 15 弄 4 號
營業時間：11:45 ～ 14:30、17:30 ～ 22:00（週一公休）
聯絡電話：0989-025-064

《主播美食報》四塊玉文創 出版

坐著做すし握壽司

媽廚坊

此券至媽媽廚坊消費，消費滿 1000 元可享現
50 元優惠。（限預約訂購，來店自取者）

期限：至 105 年 12 月 31 日止
地點：新北市汐止區建成路 56 巷 7 號 1 樓
業時間：週一 15:00 ～ 21:00、週二～週五 09:00 ～ 21:00
絡電話：（02）8642-3252、0919-613-183

《主播美食報》四塊玉文創 出版

媽媽廚坊

柚子花花青春客家菜

憑此券至柚子花花青春客家菜消費，可享 9 折優
惠（限店內用餐使用，酒水恕不提供優惠）。

使用期限：至 105 年 12 月 31 日止
使用地點：桃園市桃園區中正路 1270 號
營業時間：11:30 ～ 14:00、17:00 ～ 21:00
聯絡電話：（03）317-2666

《主播美食報》四塊玉文創 出版

柚子花花青春客家菜

---

ench Windows

此券至 French Windows 消費，內用單點茶
一律享五折優惠。（任何等級皆可使用）

期限：至 105 年 12 月 31 日止
地點：台北莊園：台北市信義區忠孝東路五段 31 巷 18 弄 3 號／屏
　　　東旗艦店：屏東市中正路 72 號（太平洋百貨 7 樓誠品旗艦店旁）
業時間：台北莊園：週一～週日 12:00 ～ 17:00、18:00 ～ 22:00
　　　　屏東旗艦店：週一～週日 11:00 ～ 22:00
絡電話：台北莊園：（02）2766-9663
　　　　屏東旗艦店：0973-853-188

《主播美食報》四塊玉文創 出版

French Windows

胡同彭家老鋪

憑此卷至胡同彭家老鋪消費，可享：
a. 包子、饅頭、花捲買十送一。
b. 新疆牛羊拉麵 8 人同行送黴子乙份。
（以上 2 種優惠可同時使用，例假日除外）

使用期限：至 105 年 12 月 31 日止
使用地點：桃園市蘆竹區興榮里桃園街 100 號 1 樓
營業時間：11：30 ～ 22：00
聯絡電話：（03）212-6370、0909-218-383

《主播美食報》四塊玉文創 出版

胡同彭家老鋪

爸的客家菜

此券至阿爸的客家菜消費，可兌換甜點傳！粿
甜粄乙份。

用期限：至 105 年 12 月 31 日止
用地點：新北市三峽區中山路 118 號
業時間：週一～週日 11:00 ～ 14:00、17:00 ～ 21:00
　　　　（週二公休）
絡電話：（02）2674-3714

《主播美食報》四塊玉文創 出版

阿爸的客家菜

果時醬醬屋

憑此券至新竹綠禾塘友善小舖，購買果時醬醬屋
商品，可享 85 折優惠

使用期限：至 105 年 12 月 31 日止
使用地點：新竹縣竹北市文興路一段 123-12 號
營業時間：週二～週五 10:00 ～ 19:00
　　　　　週六～週日 10:00 ～ 20:00
聯絡電話：（03）668-3510、（03）589-5959

《主播美食報》四塊玉文創 出版

果時醬醬屋

注意事項

・此券優惠限使用乙次,不得複印。

微胖男女編輯社-三友圖書
www.facebook.com/comehomelife

四塊玉創

注意事項

・此券優惠限使用乙次,不得複印。
・2種優惠可同時使用。
・百元折價券限下次來店消費使用
・枕戈待旦保留活動最終解釋權。

微胖男女編輯社-三友圖書
www.facebook.com/comehomelife

四塊玉

注意事項

・此券優惠限使用乙次,不得複印。
・限店內用餐使用,酒水不提供優惠。
・不得與其他優惠活動重複使用。

微胖男女編輯社-三友圖書
www.facebook.com/comehomelife

四塊玉創

注意事項

・此券優惠限使用乙次,不得複印。
・此優惠限預約訂購,來店自取者。
・本店每日限量販售,歡迎預約訂購、取貨,
　以免空跑。

微胖男女編輯社-三友圖書
www.facebook.com/comehomelife

四塊玉

注意事項

・此券優惠限使用乙次,不得複印。
・2種優惠可同時使用,例假日除外。

微胖男女編輯社-三友圖書
www.facebook.com/comehomelife

四塊玉創

注意事項

・此券優惠限使用乙次,不得複印。
・台灣區分店適用。
・此優惠不得與店內其他優惠並用。
・服務費不在折扣範圍。
・不設找零退現。
・需事前一天致電預約。
・French Windows保有此活動最佳解釋權。

微胖男女編輯社-三友圖書
www.facebook.com/comehomelife

四塊玉

注意事項

・此券優惠限使用乙次,不得複印。
・限購買「果時醬醬屋」商品。

微胖男女編輯社-三友圖書
www.facebook.com/comehomelife

四塊玉創

注意事項

・此券優惠限使用乙次,不得複印。
・限來店消費用餐者使用。

微胖男女編輯社-三友圖書
www.facebook.com/comehomelife

四塊玉

食山坊
此至樸食山坊消費，可享 95 折優惠，用餐送
「馬武督探索森林」門票。

用期限：至 105 年 12 月 31 日止
用地點：新竹縣關西鎮錦山里 12 鄰錦山 138 號
業時間：12:00～15:00、17:00～21:00（週一公休）
絡電話：（03）547-8787、0928-578-087

《主播美食報》四塊玉文創 出版

西仙草博物館

此卷至關西仙草博物館購買「特色仙草伴手禮」（自
品牌）外帶，可享 9 折優惠。（例如：仙草膠質丁、
草膠磚、仙草雞湯、仙草汁等禮盒。）
用期限：至 105 年 12 月 31 日止
用地點：1. 關西仙草巷：新竹縣關西鎮中興路 14 號 5
／ 2. 仙草博物館：新竹縣關西鎮中豐路二段 326 號
西仙草巷：10:00～21:00／仙草博物館：9:00～18:00
西仙草巷：（03）587-4090
草博物館：（03）587-0058

《主播美食報》四塊玉文創 出版

色小徑餐坊

此卷至綠色小徑餐坊消費，可享九折優惠。（甜
和麵包除外，限用現金付款）。
用期限：至 105 年 12 月 31 日止
用地點：新竹縣芎林鄉華龍村 7 鄰鹿寮坑 166-7 號
業時間：週二～週日 11:00～18:00
絡電話：（03）593-5765

《主播美食報》四塊玉文創 出版

卡松法式餐廳

此卷至卡卡松法式餐廳消費，可兌換精緻甜點
份。
用期限：至 105 年 12 月 31 日止
用地點：苗栗縣銅鑼鄉中平村 7 鄰中平 99 之 6 號
業時間：12:00～16:00、18:00～22:00（週一公休）
絡電話：（037）228-800

《主播美食報》四塊玉文創 出版

食光麵堂

卷至小食光麵堂消費，可享贈送「乾水晶餃」
份。
期限：至 105 年 12 月 31 日止
地點：苗栗縣銅鑼鄉中正路 76 號
業時間：週一～週日 6:30～13:00（休息日期另行公告）
絡電話：（037）981-005

《主播美食報》四塊玉文創 出版

樸食山坊

關西仙草博物館

綠色小徑餐坊

卡卡松法式餐廳

小食光麵堂

川味仙客家菜館

憑此券至川味仙客家菜館消費，可享以下優惠（擇一使用）
a. 酷夏消暑－憑此卷至店內消費，可兌換青草茶乙罐
（約 1500ml）
b. 客家甜點－憑此卷至店內消費，可兌換客家發粿乙片
（約 6"）
使用期限：至 105 年 12 月 31 日止
使用地點：苗栗縣三義鄉勝興村水美 241 號
營業時間：週一～週五 11:00～14:00、17:00～20:00／週六～週日
11:00～20:00
聯絡電話：（037）873-500、0910-873500

《主播美食報》四塊玉文創 出版

客桐酪坊

憑此卷至客桐酪坊購買糕皮餅棒，豆漿煎蛋糕，
卵黃煎蛋糕，可享 9 折優惠。
使用期限：至 105 年 12 月 31 日止
使用地點：苗栗縣銅鑼鄉中山路 80 號
營業時間：8:00～18:00
聯絡電話：0912-690-993

《主播美食報》四塊玉文創 出版

席拉米主題餐廳

憑此券至席拉米主題餐廳預約訂位，套餐可享 9
折、刷卡 95 折優惠（兒童餐及下午茶除外）；
當月壽星加贈手工冰淇淋乙份。
使用期限：至 106 年 12 月 31 日止
使用地點：台中市梧棲區港埠路二段 320-24 巷 32 號
（大智路一段 1019 號附近備有停車場）
營業時間：10:00～21:00（週一公休）
聯絡電話：（04）2656-4512

《主播美食報》四塊玉文創 出版

樂座爐端燒

憑此卷至樂座爐端燒消費，可享免收乙成服務費
優惠。
使用期限：至 105 年 12 月 31 日止
使用地點：1. 熱河店：台中市北屯區熱河路二段 120 號
2. 崇德店：台中市北屯區崇德路二段 206 號
營業時間：17:00～24:00
聯絡電話：熱河店：（04）2238-7739（下午 3 點後）
崇德店：（04）2241-0896（下午 3 點後）

《主播美食報》四塊玉文創 出版

川味仙客家菜館

客桐酪坊

席拉米主題餐廳

樂座爐端燒

主播美食報

45 家動人美食 ╳ 30 處順遊景點

細品 北 台 灣 真情滋味

注意事項

- 此券優惠限使用乙次，不得複印。
- 每桌限使用優惠卷乙張。
- 此卷不得與其他折扣或贈送優惠同時使用。
- 優惠餐品若供應完畢，將以其他餐點代替。
- 適逢假日，請事先來電訂位。

微胖男女編輯社-三友圖書
www.facebook.com/comehomelife

四塊玉創文

注意事項

- 此券優惠限使用乙次，不得複印。
- 門票限當日使用。

微胖男女編輯社-三友圖書
www.facebook.com/comehomelife

四塊玉

注意事項

此券優惠限使用乙次，不得複印。

微胖男女編輯社-三友圖書
www.facebook.com/comehomelife

四塊玉創文

注意事項

- 此券優惠限使用乙次，不得複印。
- 此優惠僅限「特色仙草伴手禮」系列關西仙草物館自有品牌

微胖男女編輯社-三友圖書
www.facebook.com/comehomelife

四塊玉

注意事項

- 此券優惠限使用乙次，不得複印。
- 兒童餐及下午茶不在此優惠範圍。

微胖男女編輯社-三友圖書
www.facebook.com/comehomelife

四塊玉創文

注意事項

- 此券優惠限使用乙次，不得複印。
- 甜點和麵包類產品不享本優惠，限以現金付款

微胖男女編輯社-三友圖書
www.facebook.com/comehomelife

四塊玉

注意事項

- 此券優惠限使用乙次，不得複印。
- 此卷不得與其他優惠卷同時使用。
- 樂座爐端燒保留活動最終解釋權。

微胖男女編輯社-三友圖書
www.facebook.com/comehomelife

四塊玉創文

注意事項

此券優惠限使用乙次，不得複印。

微胖男女編輯社-三友圖書
www.facebook.com/comehomelife

四塊玉

注意事項

此券優惠限使用乙次，不得複印。

微胖男女編輯社-三友圖書
www.facebook.com/comehomelife

四塊玉